子どもの能力を引き出す
親と教師のための
やさしいコーチング

大石良子

草思社

子どもの能力を引き出す

親と教師のための

やさしいコーチング

もくじ

はじめに

近年、学校などの教育現場だけでなく、社会全般で、「コミュニケーション力」という言葉がよく使われるようになりました。少年の事件や若い世代の問題が話題になるたびに、その原因のひとつとして、「コミュニケーション力」の不足が指摘されることが多くなっています。

私たち教師が子どもたちに身につけてほしいと思っている基礎基本の能力は、昔と同様、思考力を含めた「読み・書き・そろばん」ですが、それと同時に、この「コミュニケーション力」を育てるということが、どこの学校でも重要な課題として取り上げられるようになっています。

私自身も、このことの重要性を痛切に感じています。

小学校低学年の担任を多く経験してきた私には、「話が聞けない子」「すぐにキレる子」「友だちや教師とのかかわり方がわからない子」「何かと被害者意識をもちやすい子」などへの対応を求められていました。日々さまざまな問題に直面させられますので、無責任に「親の育て方が悪い」とか「あの子が変わっているのだ」などと言ってすませるわけにはいきません。

とはいえ、「コミュニケーション力を育てよ」と言われても、「コミュニケーション力」とは具体的にいったいどんなことなのか、正直言って、初めはよくわかりませんでした。考えてみると、私たち教師や親の世代は、「コミュニケーション力」というものについて、ことさら意識的に教えられたことがありません。ですから、まずは自分が、「コミュニケーション力」とはどういうものかを学ぶことからはじめなければならなかったのです。

そこで私は、双方向の会話術と言われる「コーチング」のトレーニングを積み、独自に実践を重ねるようになりました。コーチングの基本は、**「答えは相手の中にある」というスタンスで、つねに相手を「認め」、相手の話を「聞く」**、ということです。

そして、コーチングの手法のなかで有効だろうと感じたコミュニケーション・スキルを私自身が使い、また授業にもコーチングにもとづく簡単エクササイズを取り入れた結果、子どもたちにみるみる変化が起こり、意欲がどんどん引き出され、全員が生き生きとしてきたのです。また、教師の手を焼かせるような子どもと一対一でコミュニケーションをする際にも、コーチングの手法がとても有効だとわかってきました。

たとえば、こんなことがありました。

いつも教室から飛びだして、クラスをかきまわしてしまう男の子が、ある朝、職員室前の玄関に寝ころんでいました。出勤してきた数名の先生が声をかけていたのですが、ちっとも起き上がりません。だいぶ時間がたってから私も通りかかりましたので、困っている先生方のところへ行って、寝ころがっている子に声をかけてみました。

私「あら、気持ちがよくて寝ているのかな?」
男の子「ううん……」否定するように頭をふります。
私「じゃあ、何のために寝ているのか、教えてくれる?」
男の子「○○先生を待ってるの」
私「○○先生を待っていたんだ」
男の子「うん」
私「○○先生は授業の用意をしていたから、もうすぐ教室に行くと思うよ。きみがどこで待っていたら、○○先生は喜ぶかな?」
男の子「教室!」

張りのある声で答えたかと思うと、すぐに立ち上がって、教室に行きました。

ほかの先生方はそれまで、「そんなことしていたらおかしいよ」とか、「早く起きて教室へ行ったほうがいいよ」といった声かけをしていたようです。その子は、先生を待っていいたいという自分の思いを私に受けとめてもらえたことで、その気持ちをもっといい方向に変えることができたようでした。

このようなちょっとした声かけひとつをとっても、コーチングのコミュニケーション・スキルを使うことで、子どもの態度はがらっと変わってきます。

コーチングとは、相手の「どうなりたいのか」「何をしたいのか」という目的や目標と、「どう実現するか」「どんな行動をとるか」という行動計画をはっきりさせるためのサポートをすることです。そこに焦点をあてて子どもの話を聞いていくと、それまで担任の先生をさんざん手こずらせてきた子どもや、ＡＤＨＤを疑われている子どもでも、四月に担任として受けもってから、たいていは一カ月ほどで、ほぼ問題がなくなってしまうようになりました。

このように、子どもたちの驚くほどの変化を目の当たりにした私は、このやり方はどこの教室、どこのご家庭でも、子どもたちの問題を予防し、能力を引き出すうえで効果が上がる、普遍的な効力をもつ方法だと確信するようになったのです。

いまの時代、子どもたち、若者たちの不可解な事件が頻発《ひんぱつ》し、私たち大人は不安をあおられがちです。でも、見方を変えれば、子どもや若者がさまざまな問題に直面するのは当たり前です。彼らはいつでもやり直せるし、大人の予想を超えて成長する可能性を秘めています。「コミュニケーション力」をつけることで、彼らが人間関係、ひいては人生を、少しでも豊かにできるように、私たち教師や親は、もっともっと努力する必要があるのではないでしょうか。

この本では、私が教室で試みた事例を紹介しています。コーチング・スキルを試すだけで、子どもたちの目がこんなにも輝き、生き生きとしてくるのだということを、多くのみなさんにお伝えしたいと思っています。

このシンプルなスキルを使うことで、みなさんの教育や子育てが、より充実した、楽しいものになりますよう、心から願っております。

なぜコミュニケーション力が落ちているのか

長年、教室で子どもたちを見てきて、いまの子どもは周囲の大人たちにあまりかかわってもらっていないのではないかと感じることがあります。

指示・干渉《かんしょう》され、叱《しか》られることはあっても、やれるようになるまでじっくり待ってもらったり、ゆっくりと話を聞いてもらったり、あるいは、気持ちや考えを認めてもらったりする機会の少ない子どもが増えているように感じるのです。

それは、生活のペースが速くなり、大人たちに心の余裕がなくなっているためなのかもしれません。

私が経験的に感じてきたことを総括《そうかつ》し、大人と子どもとの関係をあらためて見直してみるためのチェックシートをつくってみました。もしも思いあたる箇所がありましたら、□にチェックをして、後に述べる「子どもをとりまく環境の傾向」を参考になさってください。

●子どもとの関係見直しチェックシート

子どもの様子で気になることは……?

- □ ①相手の話を落ち着いて聞くことができない。
- □ ②自分に自信がない、自分を好きでない。
- □ ③基本的な生活習慣が身についていない。
- □ ④友だちにたいして思い込みが激しい、キレやすい。
- □ ⑤自分がいま何をすべきか考えられない。
- □ ⑥相手への思いやりに欠ける。
- □ ⑦指示や命令がないと動けない。
- □ ⑧失敗を恐れて躊躇《ちゅうちょ》する。
- □ ⑨都合の良いことばかり言う。
- □ ⑩都合が悪くなるとうそをつく。

●子どもをとりまく環境の傾向

①にチェックがついていたら……

周囲の大人がゆっくり話を聞いてくれないことが多いのかもしれません。

②にチェックがついていたら……

周囲の大人にほめられたり、認められたりすることが少ないのかもしれません。

③にチェックがついていたら……

周囲の大人が子ども自身に判断をさせずに、手を出しすぎているのかもしれません。

④にチェックがついていたら……

周囲の大人が行為の結果だけを見て、瞬時にどなったり叱ったりすることが多いのかもしれません。

⑤にチェックがついていたら……

周囲の大人が「これからどうするか」を子どもに考えさせたり、問いかけたりする機会が少ないのかもしれません。

⑥にチェックがついていたら……

周囲の大人が「なぜそうしたのか」という、子どもの内なる思いや考えをたずねる機会が少ないのかもしれません。

⑦にチェックがついていたら……

周囲の大人の指示や命令に従わされることが多いのかもしれません。

⑧にチェックがついていたら……

周囲の大人に頭ごなしに叱られることがあった（叱られる機会がしばしばある）のかもしれません。

⑨にチェックがついていたら……

トラブルが生じたとき、周囲の大人が子どもの言い分だけを鵜呑《うの》みにすることが多いのかもしれません。

⑩にチェックがついていたら……

周囲の大人が子どものペースで話せるようにしないため、大人の都合に合わせて顔色をうかがいながら言うことが多いのかもしれません。

このチェックシートは必ずしも万能ではありません。子どもたちの性格を形成すると考えられる要因と、実際に表出する性格的な問題や個性との因果関係というのは、A→Bと単純に言い切れるものではないからです。

ただ、低学年の多くの子どもたちの変容を目の当たりにしてきた私自身、子どもをとりまく環境が前述のような傾向に陥っていないかどうかを振り返り、実際に対応を見直していったことで、たいへん大きな成果につながったという経験がたくさんあります。

子育てや教育環境の中で、お子さんへの対応を変えたいと考えているお父さん、お母さんや先生にとって、一つでも対応のしかたを変えるヒントになれば幸いです。

第1章

コーチングの基礎知識

コーチングとは何か

現在、日常生活の多くの場面で「コーチング」という言葉を耳にするようになりました。とはいえ、スポーツなどの「コーチ」と関係がありそうだとは想像できるものの、具体的にどういうものを指しているのかという意味までは、まだまだ広く浸透《しんとう》しているとはいえません。ここでは、そんなコーチングについて少しご説明します。

「コーチ」の語源は「馬車」です。馬車というのは、お客さんを目的地まで送り届ける役割を持っています。ですから、サポートを受ける人の目標達成のために、目的地に送り届けるのがコーチの役割だといえるでしょう。

そして、**コーチングとは、相手の目標達成をサポートする会話術です**。ふだんは何気なく使っている言葉や態度がさまざまなスキルとして体系化されており、そのスキルの有効性を意識しながら使います。「どうなりたいか」という相手の目標や目的をはっきりさせ、その実現に向けて相手の自発的な行動を引き出すのです。

子どもたちの中には、自分がどうあれば安心感、満足感、達成感を味わえるかという、目標や目的が見えていない子がいます。しばしば「問題児」として扱われる子どもたちです。手遊びや勝手な行動など、授業中に関係ない作業に集中している子どもたち、あるいはキレる、暴力をふるう、教室から飛びだすなど、もっとも教師が頭を痛める授業妨害にあたる行動を続ける子どもたちや、衝動的な行動に突っ走る子どもたちなどです。

こうした子どもたちが問題行動を起こしたときは、即刻、その場でストップをかける必要があります。しかも、集団の活動意欲をそがずに個別指導をしていくことが要求されます。しかし実際には、問題の子どもに引きずられてクラス全体の意欲をそいでしまうか、問題の子どもを放って指導をあきらめてしまうかの、どちらかになってしまうことが多いものです。

また、大きな問題行動にいたる子どもばかりではなく、たんなる注意やアドバイスが心に入っていかない子どもたちもいます。注意やアドバイスは一方的に教師から伝える形のものです。私もつい、遠くからどなって注意してしまうことがありました。この場合、注意をした子どもの心に響くどころか、ほかの子どもにも苦痛をもたらすだけになっていたと思います。

コーチングを取り入れてからの私は、こんなときはまず、相手に近寄り、気持ちを聞くことからはじめるようになりました。教師や親が相手を「認め」、話を「聞く」という二点をスキルとして意識し、意図的に対話ができれば、コーチング的な会話ができると思います。子どものほうも、自分の気持ちを受けとめてもらえると、「本来はどうあるべきか、どうしたらもっとよい方向に向かえるか」と自分の目的や目標を素直に考えることができます。

これはだれにでもすぐに実践できるスキルではないでしょうか。

子どもの可能性を信じ、可能性を広げるコーチング的コミュニケーション・エクササイズを、ぜひ明日からでも試してみてください。

コミュニケーション・スキルの流れ

コーチングのスキルにはいくつもの種類があります。ここで、コーチングのスキルを使ったコミュニケーション・エクササイズを実践するにあたって、基本となる柱を簡単にご紹介しておきます。実際にエクササイズを行っているときも、ときどき読み返して参考にしてください。

1 聞く  「相手の思いを知るために、話をよく聞きます。」

〈例〉

・あなたはどういう人になりたいの？
・どんな強み（長所）があるの？
・何をしたいの？
・何が好きなの？
・気分はどう？

・本当はどうなりたいの？

2 承認する

［相手の存在、考え、言動を味方の立場で受け入れます。］

＊成長やよい方向への変化・結果が見られれば、それを認めてほめます。

〈例〉
・おはよう。
・おかえりなさい。
・今までよりがんばれたね。
・やり方をかえてみたのね。
・よく気がついたね。
・よくあやまれたね。
・じょうずだね。

3 共感する

［相手が感じているように感じ、それを伝えます。］

〈例〉
・その考え、とても好きだよ。
・それは楽しくないよね。
・そういうことってあるね。
・大変だったね。

4 リフレイン

【相手の言葉を繰り返します。】

〈例〉
・「みんなで遊んで楽しいよ」→「楽しいんだね」
・「…でつらいんだ」→「つらいんだね」

5 区別する

【内容をより明確にするために、二つの言葉で区別します。】

〈例〉
・それは事実ですか？　解釈（思い込み）ですか？

・それは本当に起こったこと？　それともあなたがそう思うこと？

6 質問する  【何が真実か、何が可能かを考えさせる質問をします。】

＊多角的な視点から問いかけ、相手の思いを言葉やイメージに具体化し、自発的な行動を引き出します。

〈例〉
・何をしたいの？
・そのとき何があったの？
・今、本当はどうしたいの？
・何があったらできそうですか？
・いつからやりますか？
・どこへ行けばわかりますか？
・だれに聞くといいですか？
・どんな方法が考えられますか？ ↓ ほかにはどうですか？ ↓ さらにほかにはどうですか？ ↓ その中で一番先にやるとしたら何ができますか？

・やり終えたときの気分はどうだと思う？
・やらなかったときの気分はどうなると思う？

7 選択肢を用意する  「二者択一ではなく三つ以上の選択肢を示します。」

*複数の選択肢の中から子ども自身に選択させることで、自主性を育てます。

〈例〉

・AやBやCなどがあるけど、何をしたいか自由に選んでみて。
・イ、ロ、ハなどいろいろ出ましたが、どれかを選んでやりませんか。

8 沈黙する  「相手が黙ってしまったら、何も言わずに次の言葉を待ちます。」

*沈黙を通して考えの整理がついたり、気づきが起こったりします。沈黙の効果が理解できるようになると、相手が黙り込んでしまったときも、あせらずに待つことができます。

〈例〉

・「ゆっくり考えていいよ。待っているからね」（相手に時間の保証をしてあげます）

9 励ます  【相手をサポートする気持ちを言葉で表します。】

〈例〉

・君ならできるよ。

・その調子。

・君らしくてとてもいいよ。

・あなたならがんばれるよ。

・それでいいと思うよ。続けてみてね。

10 リフレーム  【ちがう角度から見るために新しい視点を提供します。】

＊考え方の枠《わく》を変えると、物事がどう見えるかを実感してもらうためです。それによって、相手は自分の見方とは異なる視点が存在することを理解できるようになり、コーチングを行う側も相手の思いに近づけるようになります。子どもにとっては、自己

中心性から脱皮するきっかけとなります。

〈例〉

・Aさん、Bさんの立場に立つとどう見えるかな?

・もしあなたがBさんだったら、Aさんがやったことはどう感じるかな?

11 小さな成功を積み重ねる

「意欲を支え、能力を開発していきます。」

＊はじめに相手の資質を承認し、やる気を高め、具体的な行動を起こさせて、小さな成果を上げさせます。その一連の動きを承認し、さらに新しい小さなゴールを目指すよう促《うなが》します。

〈例〉

・今日はドリル一ページが、いつもの半分の時間でできたね。

・よく見て練習したから、漢字テストで百点とれちゃったね。

12 アンカリング

「目的地にたいし、現在地がどのあたりかを確認します。」

〈例〉

・ここまでできたね。あと少しであなたが目指すものができるね。

・先週はあそこだったのに、今はそこまで来られたよ。もうすぐここまで来られると思うよ。

・前よりじっと、集中して話を聞けたね。聞き方が得意になるのももうすぐだね。

13 ビジュアライズ

「ゴールとそのプロセスを視覚イメージ化します。」

＊文字情報ではなく、視覚イメージ情報にすることで、ゴールに向けた行動がはっきりしてきます。

〈例〉

・一〇年後はどうなっていますか？

・今、何を見ていますか？

・何かに夢中になっていますか？

・だれと一緒ですか？

・どんなかっこうをしていますか？

14 アクションプラン

「ゴールを目指して行動計画を立てます。」

〈例〉

・何をしていけば、目標へ到達できますか？
・最初に何をしますか？
・何からならできますか？

15 種をまく

「半年先、五年先、一〇年先の将来に向けて準備します。」

〈例〉

・ここまで順調にきたのだから、さらにこの先の目標のために、今から準備してみよう。
・「まかない種ははえない」というから、今からコツコツやると力がつくと思うよ。

16 提案する  【新しい視点を提供し、本人に選択させます。】

＊「一つ提案してもいいですか？」と相手の了解を得てから言うと、押しつけがましくなく、相手も受け入れやすいようです。

〈例〉

・いつもと順番を変えて、ちょっと難しそうな課題からやってみようか？

・一つ提案してもいいかな？　協力してくれる人を探してみてはどう？

※　以上、コーチ・トゥエンティワンの「コーチ・トレーニング・プログラム」のマニュアル、および共育コーチング研究会活動資料を参考にしました。

第2章

簡単エクササイズ　教室編

コーチングのエクササイズを教室へ

コーチングのコミュニケーション・エクササイズを教室で実践しようと思ったのは、子どもたちの基礎基本の能力を「読み・書き・そろばん」、そして「コミュニケーション力」と位置づけるべきだろうと判断したからです。

実践してみた結果、子どもたちの話し合いのスタイルの一つとして、全教科、全教育活動において非常に有効だとわかりました。子どもたちの意見交換を円滑《えんかつ》にするだけでなく、一人一人のゴール（目標）のイメージと、そこへ向かう行動や段取りまでをはっきりさせることができ、子どもたちの中にしっかりとした動機づけができるようになったのです。

では、具体的な実践方法をご紹介していきたいと思います。

●基本のルール

「コミュニケーション力」でいま一番求められているのは、対話力だと考えられます。ですから、「話すこと」「聞くこと」に焦点をあてて、具体的なやり方を考えました。

対話力としてのコミュニケーション力には、「話す力」「聞く力」「質問力」「承認力」の四つが必要です。

話す力――自分の思いや考えを相手にわかりやすく伝える力
聞く力――大事なことを落とさずに聞きとる力
質問力――情報のすき間をうめて、共通理解を深めるための質問をする力
承認力――相手や相手の言うことを認める力（他者理解）

これら四つの能力を伸ばすために、次のようなスタイルを考えました。

1　子どもたちを小グループに分けて話し合いをさせる。
2　「話す側」と「聞く側」に分ける。
3　「話す側」を順番制にし、同じ時間を配分する。
4　「聞く側」はうなずいたり相づちを打ったりしながら黙って聞く。
5　話が終わったら、「聞く側」が質問をする。

ここで、「承認する力」はどこにあるのかと疑問をもたれる方がいるかもしれません。じつは、「黙って聞く」という姿勢の中に、相手の言うことを理解しようとする「承認」の練習が含まれているのです。批判や意見を言うのではなく、相手が発する言葉をじっと聞き、相手が言いたいことを理解する練習をすることで、相手の言おうとすることをまずは受け入れるという承認の姿勢が身につくのです。

実際にさまざまな場面で気をつけてみると、相手がしゃべっている間、ずっと口を閉じて聞いているのは、なかなかむずかしいものです。ですから、「**黙って聞くこと**」「**話し手の目を見たりうなずいたりしながら、肯定的《こうていてき》に聞くこと**」をルールとして設定することが大切になってきます。

また、このエクササイズにおけるポイントは、「分ける」です。

自分の思いを表現するにはある程度の勇気がいります。そこを一歩踏みだすためには安心感が必要です。

たとえば、いきなり大勢の前で話すより、四～五人の前のほうが話しやすいこともあります。また、だれかが話しているところに割って入って話すよりは、自分に与えられた時間に自分のペースで話せるほうが安心できるでしょう。そして何といっても、なすべきことが一つであれば、迷うことなく、そのことに集中できます。

そこで、私は次のように分けました。

・小グループに分ける
・立場を分ける
・活動を分けて集中させる

こうして少人数に分け、一人一人の立場を明確にし、そのとき自分がすべきことを明らかにすることで、子どもたちが自然に対話に入っていけるようにしたのです。

実際に、子どもたちはすぐにこの話し合い形式を身につけました。一度でも経験すると、簡単に応用でき、遊びの場面でも、自分たちで率先してこの形式で話し合う姿が見られました。

それでは、この簡単なコミュニケーション・エクササイズの実践例をご紹介しましょう。

簡単エクササイズ　教室編

テーマ1「休み時間の好きな遊びは？」

新学期がはじまったばかりの、新しいクラスメートと出会う時期に取り組むと効果的なエクササイズです。

初対面のクラスメートと自然に思いを伝えあい、たがいに認めあうことをねらいとしています。他者理解力、積極性を培《つちか》うことができます。

ルール

・話し手の順番はじゃんけんなどで決める。
・先生の合図ではじめて先生の合図で次の人にかわる。
・聞く人は話す人を見て、黙ってしっかり聞く。
・話の内容をけなしたり、否定したりしない。

MEMO

このテーマのほか、今、ハマッているもの(こと)、好きな食べ物、趣味、勉強、場所などに置き換えてもいいでしょう。１グループの人数は４人くらいが適切です。

やり方

1

「休み時間の遊びのなかで、自分が好きな遊び」を考えます。ドッジボール、折り紙、ブランコ、鬼ごっこ、一輪車などが出てくるでしょう。

2

先生の合図で、順番に好きな遊びを話します。次の順番に行く前に、ほかのメンバーは、くわしく聞きたいこと、知りたいことを質問します。先生の合図に従って次の順番に移り、全員が話します。

3

最後に、全員で自由に感想を伝えあう時間を１～３分ぐらいもうけます。

このエクササイズは

クラス替えに不安を抱えている子どもも、すぐに友だちができたような気分を味わえます。新学期の道徳の授業で、「心のノート」とともに展開してもよいでしょうし、学級活動に位置づけてもよいでしょう。

簡単エクササイズ　教室編

テーマ2「あったらいいな、こんなもの」

このエクササイズは、自由に発想し、自分の考えができるだけ相手に伝わるように表現する力を育てます。友だちから質問を受けることで、ぱっと思いついた発想を、より具体化しようとする態度がめばえ、表現力のみならず、物事を多面的にとらえる経験にもつながります。

ルール

- 話し手の順番はじゃんけんなどで決める。
- 聞く人は話す人を見て、黙ってしっかり聞く。
- 話の内容をけなしたり、否定したりしない。
- 時間オーバーになったら、次の話し手が発表する。

MEMO

上のルールにのっとって、リーダーの司会により全員が対話を楽しむことができます。全体で10～15分くらいで終わるエクササイズです。

●やり方

1

「こんなものがあったらいいな」と思いつくものを想像します。ドラえもんの四次元ポケットのように、自由な発想を楽しみながら考えます。

2

1で思いついたものを、話す側が順番に発表します。話し手の持ち時間は2～3分にし、時間内に発表した後、聞く側からの質問を受けます。

3

話し手が話し終えたら、聞く側が、はっきりさせたいことや興味を持ったことなどを手をあげて質問し、話し手がその質問に答えます。

●このエクササイズは

これは、家庭でも簡単にできるエクササイズです。「家族旅行の行き先はどこがいいか」「どんな家に住みたいか」などとテーマを変えて、家族全員で意見交換をするなど、いろいろな場面で応用できます。

簡単エクササイズ　教室編

テーマ3「どんな絵本を作ろうかな?」

これは、コミュニケーションの中で目標を確認して決断し、計画的に作業を進める経験をつむことで、段取り力をつけるエクササイズです。これから進める作業についての構想や、準備・手順をはっきりさせて、迷わずに作業に没頭《ぼっとう》できる状況を体験させます。

ルール

- 話し手の順番はじゃんけんなどで決める。
- 聞く人は話す人を見て、黙ってしっかり聞く。
- うなずいたり相づちを打ったりするのはかまわない。
- 時間オーバーになったら、次の話し手が発表する。

MEMO

構想、準備、手順をはっきりさせていくことで、ビジュアライズ（視覚イメージ化）のスキルが有効にはたらきます。

●やり方

1

「どんな絵本を作ろうか？」と一人一人が考えます。主人公や物語の展開、登場人物、道具などについての意見が出てくるでしょう。

2

１で考えついたことを一人一人が順番に話します。話し手１人の持ち時間を２～３分にし、「私はこんな絵本をつくりたい」と発表します。

3

話し手が話し終わったら、興味を持った点やもっと知りたいと思うことを質問していきます。

●このエクササイズは

絵本作りや創作活動のほか、総合学習を進めるときにも役に立つでしょう。家庭で夏休みの自由研究に取り組む際にも、試してみたいエクササイズです。

◆テーマ3・聞く側の質問例

・だれが主人公ですか？
・登場人物はだれですか？　ほかにはどんな人が出てきますか？
・お話の一番面白いところはどこですか？
・どんな絵の場面がありますか？
・お話はどんなことからはじまりますか？
・それはどういうふうにつながっていきますか？
・必要な道具や資料は何ですか？
・何か手伝ってほしいことはありますか？
・何からはじめればいいですか？
・いつからはじめられますか？

「本をつくろう」エクササイズの成果

テーマ3に類似したエクササイズ「本をつくろう」を、国語の授業として、実際に本作りの作業に入る前におこないました。「音や様子をあらわす言葉」の学習の発展として設定した授業です。本、絵本、図鑑など、どんな形にしてもいいという約束ではじめました。

この日の授業はちょうど、一〇年研修の先生と初任者の先生の研修も兼ねていたため、二人の先生が見学されていました。そこで、二人の先生の印象を聞いてみました。

「子どもたちの会話がすばらしかったです。いっぱい質問もしていて、それに答えることで、自分がこれからやることをしっかりつかんでいましたね」

「みんなこのエクササイズが当たり前のように身についていますね。また実際に作りはじめたら、みんなすごく集中していて、（いつもおちゃらけ気分が目立つ）Aくんが〝面白い〟なんてつぶやいていたのには驚きました」

私自身、全員が本作りの作業に没頭《ぼっとう》し、シーンとした教室に鉛筆の走る音だけがかすかに響いていた光景が忘れられません。心の奥で興奮していました。

簡単エクササイズ　教室編

テーマ４「粘土作品を使ってお店屋さんになろう」

これも作品を作る活動ですが、その計画段階でエクササイズを行うことで、一人一人の構想力、決断力、段取り力にはたらきかけ、計画をよりくわしく具体化していくことができます。

ルール

・話し手の順番は班長の指名やじゃんけんで決める。
・聞く人は話す人を見て、黙ってしっかり聞く。
・うなずいたり相づちを打ったりするのはかまわない。
・時間オーバーになったら、次の話し手が発表する。

MEMO

作品の計画前に行うほか、作る作業に入る際にも、授業の冒頭でエクササイズを行うと、自分が作りたいもののイメージと作業手順がより明確になります。

●やり方

1

紙粘土の作品を使って何のお店屋さんになるかをそれぞれ考えます。発案シート（47 ページ参照）を使うと効果的です。

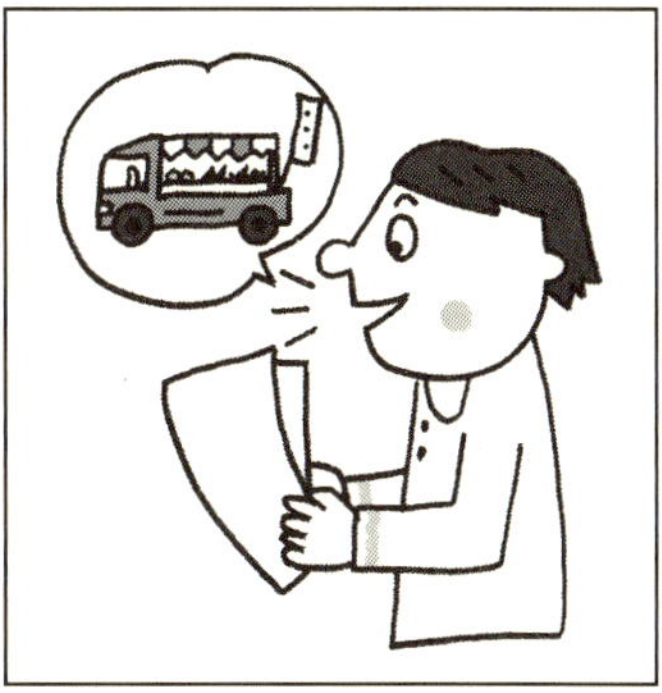

2

発案シートに書き込んだことを、一人一人順番に発表し、話し手が話し終わったら、質問したり、自分が知っていることを教えたりします。

3

友だちの質問や情報提供によって、気づいたこと、もっと調べたいと思ったことを発案シートに記入します。

●このエクササイズは

発案シートを用いることで、計画がいっそう具体的にビジュアライズされます。友だちの助言や、ほかの子の計画の進め方を参考にしながら、自分の計画をよりよいものにしていくことも学べます。

◆テーマ4・発案シートの具体例

次のページにご紹介したのは、二年生が作った発案シートです。実際には、B4の大きさの用紙を配布し、これを四分割して、「完成図」「知りたいこと」「作り方」「材料」の欄を設けるよう、最初に指示しました。中・高学年なら、この四分割を自分の好きなように使うこともできるでしょう。

エクササイズを重ねるたびに、このシートは消したり書いたりが繰り返され、内容が変わっていきました。

多くの子どもがそうであったように、この子も、「知りたいこと」に掲げた課題を調べるために、自分のなりたいお店屋さん（この子はパン屋さん）に、保護者とともに観察に出かけました。そこで見聞きしたことで、パンの形や材料をさらにシートに書き加えていきました。

子どもたちの「知りたい」「作品を完成させたい」という気持ちの強さを教えられたエクササイズとなりました。

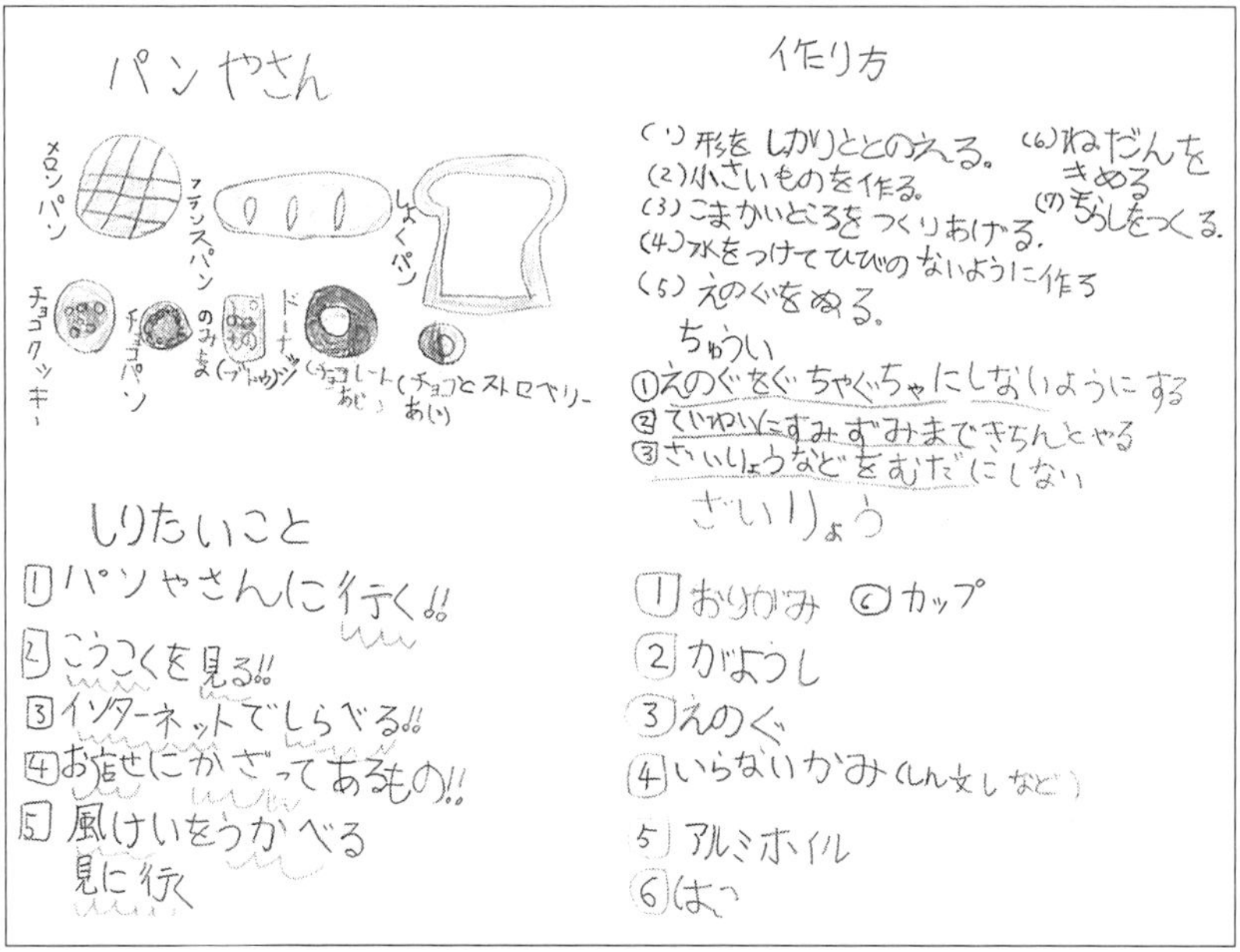
パンやさん
メロンパン
フランスパン
しょくパン
チョコクッキー
チョコパン
のみもの
ドーナツ
(チョコレートあじ)
(チョコとストロベリーあじ)
作り方
(1)形をしっかりととのえる。
(2)小さいものを作る。
(3)こまかいところをつくりあげる。
(4)水をつけてひびのないように作る
(5)えのぐをぬる。
(6)ねだんをきめる
(7)ちらしをつくる。
ちゅうい
①えのぐをぐちゃぐちゃにしないようにする
②ていねいにすみずみまできちんとやる
③ざいりょうなどをむだにしない
しりたいこと
1 パンやさんに行く!!
2 こうこくを見る!!
3 インターネットでしらべる!!
4 お店にかざってあるもの!!
5 風けいをうかべる
見に行く
ざいりょう
1 おりがみ
2 がようし
3 えのぐ
4 いらないかみ(しんぶんしなど)
5 アルミホイル
6 はっ
⑦カップ

「お店屋さんになろう」
小学2年生の女の子が作った「発案シート」

簡単エクササイズ　教室編

テーマ5「怒りがこみあげたときどうするか」

これは、怒りの気持ちをコントロールするエクササイズです。このほかにも、うれしいとき、悲しいとき、むしゃくしゃしたときなど、何かの感情を取り上げてテーマにすることができます。感情のセルフコントロール——自己抑制力、忍耐力を育てるきっかけになります。

ルール

・先生や司会の合図に従って順番に話し合う。
・自分の気持ちや感情、思いついた行動を正直に話す。
・聞く人は話す人を見て、黙ってしっかり聞く。
・話し手に反対したり、否定したりしない。

MEMO

低学年であれば「いきなり友たちがぶつかってきたら、あなたはどうしたい？」としたり、高学年なら「大事な約束を友だちが忘れたら、あなたはどうする？」などと具体的にテーマを掲げるとよいでしょう。

●やり方

1

たとえば、「いきなり友だちがぶつかってきたら、あなたはどうしたい？」という問いかけの答えを考えます。

2

順番を決め、司会の進行に従い、順番に自分が思いついた行動を話します。１人分の時間内に、グループのメンバーが聞きたいことを質問します。

3

グループ全員の話が終わったら、全員で自由に感想を話し合います。

●このエクササイズは

１つの感情としての怒りを認めたうえで、それを感じた場面を振り返り、視点を変えたり行動の選択肢を増やしたりすることで好結果につなげようとする意図をもったエクササイズです。

◆テーマ5・質問例

・その行動や態度にどんないいことがありますか？
・その行動は相手にどんな影響をもたらしますか？
・いい結果を招くにはどんな態度がいいと思いますか？
・ほかにはどんな態度が考えられますか？
・それにはどんな意図がありますか？
・その友だちと、どうなったらうれしいですか？
・あなたにとって、どんなふうに対処できたら一番いい結果が得られそうですか？
・感情的な反応ではない方法は考えられますか？
・感情的に反応する前にできることはありませんか？

教室での子どもたちの変化

この簡単エクササイズは、授業や学級活動など、さまざまな場面でテーマを変えて取り組むことができます。

友だち同士の小グループで、このような話し合いのスタイルを一回でも経験すると、子どもたちは次回から当たり前のように、話し合いの場面ではこのスタイルをとるようになります。

司会者の力量のいかんにかかわらず、手順のわかりやすさと全員に時間が与えられるという保証が、話すことへの安心感を引き出します。また自分の話を聞いてもらうことで、ほかの子どもの話や意見を受け入れる余裕も生まれてくるようです。意見交換や対話の楽しさを味わうきっかけにもなります。

●遊び係の報告

たとえばこんなことがありました。

六月のあるとき、週に一度の学級遊びを何にするかの話し合いがスムーズに行われた背景に、簡単エクササイズの応用がありました。

Aくん　遊び係からの報告です。ゲームの提案が二つありましたが、話し合って「りんごの皮むき」に決まりました。「りんごの皮むき」に決まったわけは、もう一つのゲームのやり方をCくんが説明できなかったからです。

帰りの会でのことでした。はっきりした口調でAくんが報告しているのを耳にして、私はびっくりしました。何しろCくんは、何かと自分の好みを押しつけたがるタイプの子どもだったからです。よく話し合いで納得したものだと感心しました。

そこで、どんな話し合いだったかを振り返ってもらいました。話し合いのメンバーは、遊び係のAくん、Dさんと提案者のBくん、Cくんです。

Aくん　それじゃあ、一人ずつ順番に、推薦《すいせん》するゲームと、推薦する理由を言ってください。

Bくん　ぼくは「りんごの皮むき」がしたいです。理由は、やったことがないゲームだし、簡単で面白そうだからです。

Cくん　えー、おれはSけんがいい。理由は、Sけんはめちゃくちゃ面白いからです。
Aくん　質問タイムにします。
Dさん　一人ずつ、やり方を教えてください。
Bくん　カゴメカゴメみたいに鬼のまわりをけんけんでまわります。足を変えたときに鬼に見つかったら鬼になります。
Aくん　Cくんのゲームはどんなやり方ですか。
Cくん　えー、めちゃ面白いけど言い方がわかんない。
Aくん　それじゃあみんながすぐにできないから、「りんごの皮むき」にします。いいですね。
全員　はーい。

遊びを発表するときには、きっぱりとよどみなく報告できたので、二、三分の話し合いがスムーズに行われ、しっかりと結論が出せた様子がつたわりました。子どもたちの自信に満ちた言動から、このやり方が定着していくのを感じました。

二学期以降は、全教育活動の中でたびたびこのエクササイズを取り入れました。このエクササイズで目標や内容、手順を決めさせることを繰り返していたので、どんなときにも「〇〇についていつものように話し合いましょう。お友だちに話し、その後にお友だちから質問を受けつけながら、どんどんはっきりさせましょう」と言えば、すっと話し合いに入れるようになっていました。四五分の授業で計画すると、最初の三分の一をこの活動にあてれば十分でした。

子どもたちの生活のなかでの話し合いにもこのエクササイズのやり方は浸透《しんとう》していました。必ず順番に全員の思いや考えを聞いていること、わからないときには質問が飛び、疑問を感じると、疑問や矛盾を解決するための質問をする子どもも出てきていました。

三学期になると、すっかりこのスタイルが定着した話し合いがあちらこちらで自然におこなわれていました。学習発表会の出し物について相談する時間にも、このスタイルで話し合いを進める様子が各グループで見られました。

その中で、私のサポートが必要ではないかと懸念《けねん》したグループが一つありました。算数に関する発表をするということで集まったグループでした。音楽の合奏や体育での個人技を見せるような発表はすぐに思いつくだろうと予想されましたが、算数の場合は、個人発表にしてもグループ発表にしても、どんな形の発表にするか、イメージがなかなかつかめないのではないかと危惧《きぐ》したのです。

しかし、いざふたを開けてみると、一人一人がやりたいことを表明し、それについて理由などを質問しあいながら話し合いが進んでいました。まずはリーダーがKさんに決まって、話し合いがKさんの司会で進められていく様子を紹介します。

Kさん それでは一人一人が考えたことを順番に言ってください。

Hくん おれはかけざん九九がいいと思う。

Mさん ただ言うだけ?

Hくん うん、できるだけ速く言う。

Kさん Tさんは?

Tさん かけざんの問題をとくのがいいです。

Kさん どんなふうにしますか?

Tさん だれかが問題を出して、答えを言うのがいいなあ。

Kさん Sさんは何がいいですか。

Sさん Hくんと同じがいい。

Kさん　Mさんは？
Mさん　私もなにかの問題をとくのがいいです。
Kさん　Dくんは？
Dくん　ぼくも問題をとく。

こうして、私が進行状況を聞きだしたときには、Kさんが「HさんとTさんから出た意見の二つがありました」と報告してくれました。

結果として、私がそのグループのサポートに入ろうとしたときには、大枠の内容が二種類に決まっていました。そして、私がその内容を聞きとった後には、すぐに準備にかかれる状態だったという、じつにうれしい誤算に気づかされました。

●作文のためのメモづくり

三学期のまとめの時期には、国語の作文のメモをふくらませるためにこのエクササイズを取り入れました。基礎教科としての国語では、これまでにも「話す・聞く」領域だけでなく、「書く」領域でもこのエクササイズをたびたび取り入れてきました。

少し前には、前述のように、「音や様子を表す言葉」という言語単元の発展活動、

「音や様子を表す言葉をあつめた本作り」の導入にもこのエクササイズを使いました。つまりこのエクササイズで内容や手順をはっきりイメージさせてから、実際の作業に入っていったのです。

子どもたちは、自分で選んだり決めたりした作業には、ものすごい意欲と集中力を示すということを、あらためて実感できました。

ここでは、作文のメモがなかなかふくらまないRさんの様子を聞きとったものを紹介します。二年生の一年間で楽しかった思い出の中から一つを選んで作文に書く活動です。

この日の活動は、三つにしぼった作文題材候補から一つを選んで作文の題材を決め、メモをふくらませることが目標です。Rさんのメモには、「おいもほり」と「大きいおいもがとれた」と書かれていました。

Rさん　私はおいもほりのことを書くことにしました。大きいおいもがとれてうれしかったからです。

友だち1　はじめにどんなことがありましたか?

Rさん　虫がいっぱい出てきました。

友だち2　ほかにはどんなことがありましたか？
Rさん　虫をとってもらっても、とってもらっても、また出てきたことです。
友だち3　だれに？
Rさん　Oさん。
友だち2　何回ぐらい出てきたの？
Rさん　五回ぐらい。
友だち全員　きゃー、五回も？
Rさん　うん。（笑う）
友だち1　一番うれしかったのはどんなことですか？
Rさん　でっかいおいもがとれたことです。
友だち2　何か会話文になることはありますか？
Rさん　Oさんに「虫をとって」って言ったこと。
友だち2　ほかには？
Rさん　「またとって」

このときは、次のような質問の手がかりを前もって掲示していたので、活発に質問が飛びかいました。

・はじめにどんなことがありましたか？
・ほかにはどんなことがありましたか？
・一番うれしかったことや伝えたいことはどんなことですか？
・そのときの気持ちはどんな感じでしたか？
・どんな会話をしましたか？
・そのときの音や様子を表す言葉には、どんなものがありますか？
・一緒にいた人はだれですか？……

Rさんは、このエクササイズの後、Oさんに五回も繰り返し虫をとってもらったこと、実際に発した言葉、その後に大きいおいもがとれたこと、そのときの気持ち、最後に小さいおいもをもらってうれしくなったこと、というようにメモをふくらませることができました。また、このメモを手がかりに、できごとの順に従って書くこともできました。

土を掘っては虫が出てくる展開が楽しく伝わり、その後に出てきた大きなおいもの思い出が生き生きと表現されていました。

　このように、簡単エクササイズはコミュニケーション・エクササイズであると同時に、活動の導入に取り入れることで、各自の学習活動を高めるのにも役立ちます。

　子どもは、ときに私の想像を超えた成長をとげます。おっちょこちょいで物忘れがひどく、子どもにフォローしてもらうことも多かった私は、一人一人の潜在能力の素晴らしさに圧倒されました。

　子どもたちのおかげで、このエクササイズがコミュニケーション力のみならず、目標設定能力、現状把握力、選択力、決断力、段取り力、協調性等といったあらゆる能力を伸ばせることを、あらためて実感したのです。

第3章

簡単エクササイズ　家庭編

簡単エクササイズ　家庭編

テーマ1「今日の夕飯は何が食べたい？」

子どもたちは自分の考えを聞いてもらってはじめて、人の話を受け入れる心の余裕ができてきます。このエクササイズで、一人一人の思いに耳を傾けながら、選択力、他者理解力、協調性を育てることができます。自分の思いを受けとめられる経験があってこそ、他者理解につながるということを、ぜひ体験してみてください。

ルール

・だれかが司会者になって順番を決める。
・家族が何を選んでもけなしたりしない。
・話し手の思いをはっきりさせるような質問をする。
・提案できなかった人は、次回に優先する。

MEMO

全員の好みがばらばらでも、じゃんけんで勝った順に、「今日はAの行きたいお店、この次はBのお店にしよう」と決めてもいいでしょうし、それぞれが食べたいものを選べるファミリーレストランに決めてもいいでしょう。

●やり方

1

夕食に何を食べたいか、思いついた人から順番に話していきます。

2

複数挙げた場合は、どれか１つを選ぶならどれがいいかも話します。

3

たくさんの意見が出た場合は、じゃんけんをするなど、どうやって優先順位を決めるかを話し合います。

●このエクササイズは

お父さんやお母さんが司会進行役でリードすると、簡単なミーティング形式になります。自分の好みを反映させられる経験が、家族への帰属意識や分かちあい精神を育てます。

◆テーマ1・展開例

父親 外に食べに行こうと思うけど、今夜は何を食べたいかなあ。ちょっと考えてね。何を選んでもほかの人はけなさない約束で、一人一人言ってみようか。それじゃあ、思いついた人から言ってみて。

子A ぼくは、ステーキかお寿司がいいな。迷っちゃうけど。

父親 どっちもおいしそう。お肉とお魚だね。二つは無理だから一つ選ぶとしたらどっちかな（最初から一つを選ぶのは無理なこともあります）。

子A えー、どっちか決められないなー。

父親 じゃあ、ちょっと考えてもらって、Bは何が食べたい？

子B 焼肉！

父親 Aはステーキって言っていたけど、ステーキでもいいのかな。

子B ま、いいかも。でも焼肉のほうがもっといい。

父親 ほかにも食べてみたいと思うものはないかな？（選択肢を増やしてみます）

子B　焼いたお肉ならいいなー。ステーキもハンバーグでも。

父親　Bはお肉が食べたいんだね。お母さんは何が食べたいの？

母親　お野菜もいっぱい食べられるなら、お肉でもいいかなあ。

父親　いいから食べたいものをお母さんも言ってみてよ。ほかにはないの？

母親　中華もいいな。

父親　ずいぶんみんなちがってきたね。私は何でもよかったから、焼肉とステーキのAとBでじゃんけんして勝ったほうに決めようと思う。それでいいかな？

簡単エクササイズ　家庭編

テーマ2「こんどの休日は何をする?」

これも、お父さんやお母さんがリードしながら話し合いを進め、子どもたちの目的を意識する力、選択力、表現力、協調性を育てていきましょう。

ルール

・聞く人はなるべく黙って聞く。
・人の話をけなさず、質問は話が終わってからする。
・うなずいたり相づちを打つのはかまわない。
・時間オーバーになったら、次の人が意見を言う。

MEMO

自分から話せない子どもには、お父さんがそのつど選択肢を示して、どれかを選ばせます。子ども自身が選ぶことで、モチベーションも上がります。

●やり方

1

お父さん（またはお母さん）が休日に行きたい候補地を３つ以上提案します。

2

次に１の候補のなかから１つを選び、理由を順番に説明します。１人の持ち時間を１～２分にし、聞き手が、はっきりさせたいことや興味を持ったことなどを質問します。

3

全員が自分の行きたい場所と理由を表明し、質問が終わったら、多数決をします。

●このエクササイズは

子どもが休日の計画づくりに参加することで、家族で楽しさを分かちあい、共有することの良さに気づくきっかけになります。計画性、協調性も育つでしょう。

簡単エクササイズ　家庭編

テーマ3「プレゼントを決めよう」

これは、だれかの誕生会・お祝いの会・お別れ会などの計画に向けて、家族でコミュニケーションをしながら、だれかを喜ばせるために自分に何ができるかを考えるものです。

ルール

・話し手の順番はじゃんけんなどで決める。
・人の話は黙って聞く。
・うなずいたり相づちを打つのはかまわない。
・話の内容をけなしたり、否定したりしない。
・時間オーバーになったら、次の話し手が発表する。

MEMO

相手を喜ばせるためには、まず、相手が何を欲しているかに気づかなければなりません。ここでは、相手の気持ちに考えを至らせるきっかけづくりをします。

やり方

1

パーティーをしたい、プレゼントを作る、手紙を書く、お手伝いをするなど、主役を喜ばす手段やプレゼントを考えます。

2

次に1で思いついた計画を一人一人が順番に話します。話し手1人の持ち時間を2～3分にし、「こんなことをしてみたい」と話します。理由も考えられたらつけ加えます。

3

聞き手が、必要なものや準備についてはっきりさせたいことや、興味を持ったことなどを質問し、話し手が答えていきます。

このエクササイズは

目的意識や現状を把握する力（今の自分に何ができるかなど）を育てながら、与える喜び、貢献する喜びといった高次の喜びを体験させるきっかけになります。

◆テーマ3・質問例

・一番どうしたい？
・それをしたい理由は？　どうしてそれがいいと思うのかな？
・ほかには何がしたい？
・それをすると○○さんはどんな気持ちがすると思う？
・そのとき、○○さんやみんなはどんなふうになると思う？　想像してみて。
・そうなったとき、あなたはどんなふうにするの？
・そうできたらどんな気分になれると思うかな？
・そうできたらどんなことが一番うれしいの？
・準備で必要なものは何だろう？
・そうするために私たちが手伝えることは何かしら？
・いい情報をくれそうな人はだれかいないかしら？
・いい情報をもらえそうなところはどんなところかしら？

・そうなるために今できることは何かしら?
・いつからはじめようか?

簡単エクササイズ　家庭編

テーマ4「みんなで分担しよう」

手伝い、料理、大掃除、片づけ、キャンプなどで、家族で分担を決め、実践することは、自分の能力や強みを知る自己認識力、協調性、共感性を育て、チームワークを体験するきっかけとなります。

ルール

- ・話し手の順番はじゃんけんなどで決める。
- ・人の話は黙って聞く。
- ・うなずいたり相づちを打つのはかまわない。
- ・話の内容をけなしたり、否定したりしない（親は自分の価値観で子どもに意見しがちなので気をつける）。

MEMO

お父さんかお母さんが、「大掃除をするから、それぞれが分担する仕事を決めよう」などと司会役となって音頭とりをします。日頃、お掃除をしていないお父さんにやってもらったほうが、会話が盛り上がるかもしれません。

やり方

1

まずはやりたいこと、やってもいいと思うことを全員が考える。

2

お父さんが指名し、自分がやってもいいと思う仕事を順番に話していきます。１人が話した後には聞き手が、選んだ理由、必要な道具、方法について質問します。

3

一人一人が話した後、希望が重なった場合は、協力してやるか、あるいはじゃんけんで１人に決めます。適材適所の考えで、ゆずりあう態度が引き出せれば最高です。

このエクササイズは

こうして決まった仕事をみんなで成しとげると、達成感とチームワークが体験できます。家族の一員としての帰属意識を強め、家族の良さに気づくきっかけになるのではないでしょうか。

簡単エクササイズ　家庭編

テーマ5「将来はどんな人になりたい？」

将来の夢、転職先、部活選びなどの目標設定に役立つエクササイズです。キャリア教育の現場で取り上げることもできます。

まずは限界を取り払い、自由に夢を語りながら、具体的な目標を設定する力をつけていくことができます。自分で考え、決めた目標は行動力の源となります。

ルール

・おたがいに夢や目標の実現を応援しあう。
・人の夢を否定したり、けなしたりしない。
・実現可能性については考えずに話し合ってみる。
・百パーセント味方になって、質問したり、応援メッセージを伝える。

MEMO

一人一人の考えや思いについて質問しあい、情報を交換しあうことで、それぞれの視野が広がり、おたがいに高めあえることを実感することができます。

●やり方

1

各自が将来どうなりたいかを考え、順番に自分の夢や目標を語ります。

2

一人一人の夢や目標の実現を応援するつもりで質問をしたり、応援のメッセージを伝えたりします。

3

知っている情報を提供し、情報交換をしたり、たがいに感想を話し合います。

●このエクササイズは

お子さんの目標を家族みんなで理解したおかげで、お子さんが大きく成長していったケースがたくさんあります。子育てがいっそう楽しくなるきっかけとなればうれしいです。

◆テーマ5・質問例

・神様が一つだけかなえてくれるとしたら、どうなりたい？
・しがらみや限界がいっさいないとしたら、何がしたい？
・あなたが自然と引きつけられること、好きなことはどんなこと？
・あなたの強み、得意なことを聞かせて。
・その強みはどんなふうに活かせるかな？
・だれかモデルになる人はいるかな？
・今までの失敗や成功が役に立つことは何かな？
・三カ月後、一年後、五年後、十年後にはどうなっていたい？
・それが達成できたら、どんないいことがあるのかな？
・今からはじめるとしたら何ができる？
・一つ提案しても（アドバイスしても・情報をあげても）いい？
・どこに行けばいい情報がえられそうかな？

・だれに会えたら目標に近づけるかな？
・私たちに手伝えることは何だと思う？
・いつからはじめるのかな？

保護者からの反響

教室で実践してきたエクササイズが、コミュニケーション力だけでなく、子どもたちのさまざまな能力をどんどん引き出せた実績から、テーマを広げて家庭でもお試しいただけるように、保護者に向けて具体例を紹介してきました。

ご参考までに、二年生の宿題として出した「あったらいいな、こんなもの」の保護者からの感想を紹介します。

●宿題だったので、本人も積極的に参加してきました。本人はしゃべりたくて時間オーバー。母は発想が貧困で時間が余り……とちぐはぐな面もありましたが、回数を重ねればうまくできそうです。コミュニケーションの時間ができてとてもよかったです。子どもの目がキラキラしていました。

●質問したり感想を言うことによって、はじめに思っていたアイデアがどんどん細かいディテールまで発展していくのが面白かったです。身振り手振りで一生懸命伝えようとする姿がイキイキしていました。ニコニコわくわくの顔で会話ができて、おたがいうれしくなりました。

●家族で一つのテーマについて話すことで、おたがいの正直な気持ちがわかって楽しかったです。今度はちがうテーマでもやってみたいです。

●次から次へと発明品が出てきて驚きました。普段の生活で不足している部分（一人でさびしいとき）を補うようなものが多く、考えさせられました。こんな方法でおたがいの気持ちを理解できる糸口がつかめるなんて！　これから毎日活かしていきたいと思いました。

●拓郎（仮名）だけいませんでしたが、家族四人で自分たちの発明を発表しました。哲郎（仮名、二年生）はていねいな言葉で発表していました。義郎（仮名、四年生）の発明が楽しくてみんなで笑いながら聞いていました。哲郎は堂々と発表していたように思います。いつもは怒ってばかりですが、怒らないと決めて会話すると、言葉もやさしくなり、だれもが笑顔になれました。

以上のような感想が寄せられました。お父さんお母さんも一緒に、楽しいテーマで話し合うきっかけになったようでした。

夕食時などにぜひ上手に応用していただければと思います。

第4章

子どもを変える会話術

コーチングは子どもの可能性を広げる

この章では、実際にあった子どもたちとの会話を紹介していきます。

ある会話がきっかけになって、衝動的な行動が落ち着いていった例もありますし、何度もコーチング的な会話を繰り返した子どももいます。お母さんとの会話例もあります。いずれも、基本的な会話の方向性がわかりやすい事例を紹介しています。

コーチングの手法にもとづいて話すと、感情にとらわれずにすみ、会話がとてもスムーズにはこびます。

基本は、子どもの思いを受けとめながら、「どうなりたいのか、どうしたいのか」という目標に自分で気づかせ、そのために「どんな態度や行動をとればいいのか」を自分で決められるように話し合っていくことです。

低学年の子どもは、まだまだ返事もスムーズにできなかったり、自分で気づいた思いをすんなり言葉に置き換えられなかったりすることがよくあります。これから紹介する事例でも、沈黙しているだけの状態が出てきます。しかし、コーチングでは「沈黙が重要である」とよく言われます。沈黙は、相手の質問にたいして深く考えはじめた証拠だからです。

低学年の子どもたちは頭がやわらかく、自分が心地よい方向に向かってすぐに態度や行動を変えることができます。そして、変われたことを認めてあげれば、達成感や自己への信頼感という心地よい感覚をさらに確実なものにし、いい成長の循環に入っていきます。

一人一人から集団へ、さらに担任までにも変化をもたらすことができた会話事例を紹介したいと思います。どうぞ参考になさってください。

人とのかかわり方がわからなくてよくキレていた子

二年生の勇太くん（仮名）は、たとえば算数の授業のとき、ノートも本も開かずに、一見しただけではふてぶてしいと思える態度をとっている子どもでした。勇太くんは一年生のときにいろいろな場面でキレては、さまざまな問題行動を繰り返していました。

一年生のときの担任から情報を得ていた私は、活動にすんなり入らない勇太くんの、ふてぶてしく見える態度を注意することは得策ではないと考えました。

まずは、とるべき態度を教えるサポートからはじめました。それまでの経験から、衝動的な行動が多い子どもたちの多くが、じつは「自分だって本当はみんなと同じようになりたい」と考えているとわかっていたからです。

「みんなを見てごらん。今はノートを開いて筆算をするのよ」

「ノートをまず開いてごらん」

「ここにこうやって筆算を書いて計算するのよ」

というような、やって見せ、やらせてみてはじっと待つ、という方法をとってみました。

その結果、勇太くんは予想以上に学習態度が身についていないことがわかってきました。一年時の担任は、まだまだ学校生活になじんでいない子どもたち全員に一つ一つ教えることが多いので、勇太くんだけに特別なケアをするのは難しかったと思います。その点、二年生になると、ほとんどの子どもが学校生活にある程度慣れていますので、勇太くんや数名の子どもに的をしぼって個別指導をすることが可能でした。

幸いなことに、勇太くんは教えられたまま素直に取り組むところがあり、作業が極端におそくても、私自身が希望を持って待つことができました。

指示を受けてやっと作業を開始する勇太くんでしたが、書く数字や文字が極端に大きく、一文字でノートの半ページを埋めてしまうようなこともありました。ですから、最初は半ページに筆算が一つできたぐらいでも、取りかかれたことと理解したこととの両面から、できたことを認め続けました。〈**承認する**〉

勇太くんは認められては少しずつ前進し、ノートのとり方もうまくなっていきました。ときどきは、すねたような険《けわ》しい目つきになることもありましたが、キレることはありませんでした。

勇太くんはだんだん自信をつけ、字も適当な大きさになっていきました。勇太くんがなかなか活動に入らなかったのも、大きな字を書いてしまったことも、教師への反抗心でやっていたわけではないことが私にはよくわかりました。

みんなと一緒にグループ絵を描く、国語の板書をノートに写す、算数の問題をノート上で解く、などといったことができると、ホッとしたように素直に喜び、顔全体に安心感が広がっていました。

ただ、さまざまな活動の最中に、ちょっとしたことにこだわり、すねてしまうことは、まだありました。

そんな一例を紹介します。

校庭で虫探しをした後、教室に帰って授業を再開しようとしたところ、勇太くんの席が空いていることに気づきました。所在をたずねると、「さっきは階段のところにいたよ」と返事が返ってきたので、さっそく探しに出ました。教えてもらった通り、勇太くんは階段のおどり場でついたてに寄りかかっていました。不満げであり、不安そうにも見える眼差しを私に向けています。

「何でそんなところにいるの！」と叱りたい気持ちをぐっとこらえ、ひと呼吸おいてからやんわりと聞いてみました。

私「そこにいて、何かいいことあるの？」〈**質問する**〉
勇太「虫を一匹も捕れなかったんだもん」
私「虫を捕れなかったのね」〈**リフレイン**〉
勇太「うん」
私「それで、いまは教室で話し合うときだけど、そこにいて何かいいことあるのかな？」〈**質問する**〉
勇太「ううん」
私「そこにいても虫は捕れないし、もう外へ行くことはできない時間だけれど、そこにいることで注意されたいのか、それともみんなと一緒のことをしたいのか、それともほかのことなのか、気分がよくなるのはどれ？　あとでこうしてよかったと思えることを選んでごらん」〈**選択肢を用意する**〉
勇太「みんなと一緒のことをする」

こうして勇太くんは、肩から力が抜けたような表情で教室に戻りました。
勇太くんは、みんなと一緒にできる自分に満足できる子でした。ただ、あまりにもものや人へのかかわり方が未熟だったため、幼児のようにゲームで負ければすねてしまい、ドッジボールでボールにさわれなければ不満が爆発し、劣等感と不機嫌状態を引きずってしまっていたのです。何をするのか、どうしたらいいのかわからないままに行動するので、遅れをとっては目の前のことにこだわってじだんだを踏むような行動が繰り返されていたのでした。

原因が「未熟さ」にあると感じた私は、やって見せ、まねをしながらでも勇太くんがみんなと同じことができたときには、それを認めることを続けました。

勇太くんは、認められると、まるで幼児のようにうれしそうな笑顔を見せました。「みんなと一緒にやるとうれしい」ということを、勇太くんが自分で認められた日から半年くらいの間、彼にとってはそれが学習態度の目標になっていました。何かあるたびに、その目標を勇太くんが思い出せるようにサポートするだけで、彼は「キレる」こともなく活動に参加できたのです。

たとえばすねるような態度でみんなの活動を停滞させたときなど、

「すねるとなにかいいことがあるの？」

「みんなと一緒のことができるにはどうしたらいいのかな？」

と、声をかけます。あるいは、

「本当はどうしたいのだったかしら、キレたいのだったかしら、みんなと一緒にやりたいのだったかしら？　いまはどうしたらいいのかしら？」などと声をかければ、すっと肩から力が抜けて、授業に入れるようになっていきました。

まわりの子どもたちも、勇太くんの態度にたいする私の言動をまねするように、「今はここを読むんだよ」「ここの問題をノートにやるんだよ」とサポートするようになりました。一年生のときから同じクラスだった子どもたちは、勇太くんの成長を目の当たりにし、拍手をする場面もよくありました。「すごくがんばれるようになったね」などと声もかけられるようになっていました。

勇太くんは二年になって「友だちができた、できた」とハイテンションの日々が続くようになりました。三学期にはギャグを連発して、うるさくて注意されるくらいにテンションが上がっていました。

そういうわけで、二年生になってからの勇太くんは、学級内で集団活動を大きく乱すような、「キレる」「すねて暴れる」「物を投げて混乱を招く」「不機嫌になって給食を食べない」など、一年生で起こした問題行動を起こさなくなりました。

目標としていた「みんなと一緒にできた」ことが認められると、それが小さな成功体験となり、また次のがんばりのエネルギーになっているのが目に見えるようでした。

翌日の予定や宿題など連絡帳への記入もしっかりこなし、学力も徐々に向上していきました。国語、算数での理解力がぐんと伸び、テストでも百点をとるようになりました。そうなると、ご両親にも成長がはっきりとわかるようで、ご家庭内でも認められてきた、叱られなくなったなどの良い変化が見られました。

被害者意識から問題行動を繰り返していた子

雄介くん（仮名）は、勝手な思いこみから衝動的な問題行動を繰り返してしまう、やはり友だちや教師とうまくかかわれない子どもでした。

三年生の四月に担任して二週間がたちました。その週は雄介くんも給食当番だというのに、声をかけても着がえず、だらだらしていて当番活動の責任を果たしません。励ましても、当番の仕事が終わるころにやっと着替えが終わる始末でした。ほかの子どもたちは、雄介くんの様子に慣れているのか、待っていても困るだけだと判断しているのか、彼をあてにしない様子です。

しかし、雄介くんは二年生のときの担任に、「ぼくは三年生では、みんなと同じようにできるように絶対がんばる」と約束したと聞いていました。こういう情報がとても役立つのです。それを彼の目標として、会話を進められるからです。

でも、月曜日、火曜日、水曜日と注意のしかたを変えながら見守りましたが、結果はかんばしくありません。

もう一度、私と雄介くんは、彼の「三年生では、みんなと同じようにできるように絶対がんばる」という目標を確認しあい、木曜日からみんなと同じように給食当番をやることを約束しました。りゅうちょうには言葉の出ない雄介くんなので、この段階でも、私は雄介くんが本当に納得しているのかどうか、確信はできないままでした。ただ、チャンスをねらっては、具体的な目標を持たせるように語りかけていたのです。

そんな木曜日、「一年生を迎える会」という全校集会が体育館でありました。全校集会のゲームではじゃんけん列車という遊びが行われ、大勢が群れをなして移動してはぶつかりあったり、すれちがったりしていました。

雄介くんはそんななかで何か気にさわったことがあったのか、一人で体育館を抜けだして教室に戻ってしまいました。

集会が終わり、雄介くんがいないことに気づきましたが、全員を引き連れて教室に戻ると、雄介くんは窓ぎわで、怒りに肩をふるわせていました。前年度のあばれ方や、教室からの飛びだし方を聞いていたので、まずは静かに彼の気持ちを聞きだすことからはじめました。

私　「どうしたの？」

雄介　「だれかがおれの足をわざと踏《ふ》んづけた。それにみんなでわざとぼくを囲んできたから頭にきた」
私「そう、頭にきたのね」〈**リフレイン、承認する**〉
雄介「うん」
私「先生は見てなかったけれど、じゃんけん列車だから、先生も囲まれたりぐるぐるまわったりぶつかったりしていたよ。みんなはどうだったか聞いてみようか?」

二人でほかの子どもたちに向き直って聞きました。

私「ねえ、みんな、みんなもぶつかったり長い列に囲まれたり足を踏んづけられたりしなかったかな」
H子「したよ」
私「じゃあ、どうして君たちは怒らなかったのかな?」〈**リフレーム**〉
H子「じゃんけん列車だからしょうがないじゃん。そうなるから面白いんだもん」
私　雄介くんと目線をあわせ、「みんなも同じようだったね。本当にだれかがわざと踏んづけたのかな。それとも、君がそういうふうに感じただけかな?」〈**区別する**〉

雄介くんは、ポカンとした目をして私を見つめるだけでした。言い訳もなく、怒りも表しませんでした。私を見つめたまま沈黙しています。

コーチングでは、沈黙の時間は自ら考えを整理しているときととらえます。このとき、私は雄介くんが自分の思い込みに気づいたことを実感しました。

私「じゃんけん列車でぶつかったぐらいで頭にきた君がもう一人いたら、給食当番や掃除当番をやらない君を見てどう感じるかしら?」〈**リフレーム**〉

雄介くんはまたまたポカンと目を丸く見開いて私を見つめなおしました。

私「じゃあ、今日から給食当番をしっかりやってみようか」〈**提案する**〉

雄介くんは、初めてしっかりと私の言葉を聞きとったような表情でかすかにうなずくと、静かに席に戻りました。

はっきりした返事はありませんでしたが、沈黙するということは、何かに気づいたり考えたりしていることが多いのです。前年度までは、興奮しはじめるとなかなか収まらず、こだわりの言葉を繰り返すか乱暴な態度が続いたと聞いていました。ところがこのときは、私の言葉が胸に響いたことに驚き、ただポカンとしていたのです。

雄介くんのその後の態度に、彼のなりたい姿と行動がしっかりと現われてきました。

その日の給食の時間になりました。給食当番の雄介くんは、私の一声でしっかり着替え、友だちに教えてもらいながらおかずを配る仕事ができました。食後も、前日までのように、いつまでもだらだら食べていて、給食当番の片づけに迷惑をかけることもなく、特別教室のぞうきんがけに行きました。ぞうきんがけまできちんとやれるとは期待していなかったのですが、フロアーをぞうきんがけしている雄介くんの姿が目に飛び込んできたときには、あまりのうれしさにほめちぎってしまいました。

ところが、五時間めがはじまっても特別教室の掃除当番グループが帰ってきません。しばらくして帰ってきたので話を聞くと、雄介くんが掃除の終わりに、ぞうきんを飛ばして窓から外へ落としたというのです。それを拾いにみんなで外へ行ったので遅れたということでした。雄介くんがこれまでの二年間からは想像もつかないほどにがんばったので、ほかのみんながさがしてあげたくなったようでした。わざとしたのでもなく、気分よく終わるフィナーレのような、おまけの行為だったようでした。

それくらいの失敗は多目にみることにし、彼の変化をたたえました。ほかの子どもたちもえらかったのは、迷惑をかけられてきた二年間より、その日の雄介くんの変化を彼と一緒に喜びあえたことです。

雄介くん、ほかの子どもたち、担任の私と、立場はちがってもそれぞれに、一つの峠《とうげ》を乗り越えたという一体感を味わえた一日でした。

それから彼は、当番活動をさぼることはいっさいなくなりました。ただ、だれかが自分を見て笑ったと文句を言ったり、すれちがうときに多少かすっただけでも、相手のせいと決めつけて言いがかりをつけたりすることはありましたが、いきなり衝動的な暴力に走ることはなく、話し合いの中で気づけるようになっていきました。

雄介くんの短期間での変化には、外から眺めていた多くの教職員たちも驚いたようです。また、感情に走らずに集中すると、学力的にも伸びることがわかりました。

子どもは一つ問題を克服すると、複合的に成長するのだということを、私はこのときはっきりと実感しました。

その後の学年でも彼の衝動性が現れることはなく、おおぜいの友だちと遊んでいる姿に私は心から喜んでいました。

まちがった学習に気づいて成果が上がった子

まじめに指示通りの学習はするのですが、もう一歩のところで成果が出せず、学習への自信がもてない子どもたちによくあることです。

ひとことで言えば、まちがった学習を繰り返す子どもたちの例です。

洋一くん（仮名）は、いつもまじめな態度で授業にのぞんでいました。宿題も忘れない素直な子どもでもありました。一つ注文をつけるなら、もう少し自分から手を挙げたり工夫したりする積極性がほしいかなと思う子どもでした。

あるとき、親しい友だちが書き取りテストで九〇点を取ったのを知り、「自分もできるのではないか」と、漢字練習に燃えはじめたのです。

洋一「先生、今日はぜったい百点とりたい。だって、いっぱい練習してきたんだもん」

私「そう、練習してきたんだ。楽しみね」

こうして漢字の書き取りテストが終わり、丸つけに入りました。洋一くんが自信を持てるように、練習の成果が見えるといいなあと思いながら採点しました。洋一くんの答案用紙に丸をつけていくと、ほんの一画がちがっている漢字ばかりで、前回同様、四〇点にしかなりませんでした。可愛い笑顔で目を輝かせ、自信を見せていた洋一くんの顔が浮かびました。私も残念でなりませんが、まちがいの原因には心当たりがありました。

さて、答案用紙が配られると、洋一くんの落胆ぶりは私の胸まで響きました。

洋一「なんで？　今日はぜったい九〇点以上取れると思ったのに……」

私「本当にがんばってきたんだね」

洋一「うん、今までよりいっぱい練習したのに！」

私「そうか、悔《くや》しいね、そんなにがんばったのなら、先生が応援できることはないかしら。どうやって練習したか教えてくれるかな？」

洋一「これ見て。こんなに練習したんだよ」

洋一くんは漢字ノートを開いて見せてきました。

私「どれどれ……あれ、この漢字まちがっている。あ、これも、これも……。何だ、最初からまちがって練習しているよ。これじゃあ百点は無理ね。練習した通りにまちがっているんだね。あれれ」

洋一「え、本当だ。失敗した」

私「残念だったね。まちがいを練習したらまちがうよね。よく注意して見てやれば、必ずできると思うよ」

洋一「わかった。今度こそがんばって百点目指す！」

私「楽しみにしているね。君ならできると思うわ」

この後、洋一くんは百点か九〇点を必ず取れるようになりました。一学期には四〇点～七〇点を行き来していたことを考えると、本人のやる気で成果は必ず上がるものだと感じました。

おもしろいことに、漢字学習（彼にとっては、書き取りテスト攻略法）がしっかりしてくると、それをきっかけにすべての教科にも意欲が上がりました。結果として、学習面での成果がはっきり見え、本人もご家族も喜んでさらに学力が伸びるという具合でした。ある日を境に学習スタイルを身につけていったよい例となりました。

洋一くんの例でわかるように、学習のつまずきを感じる子どもをサポートするときには、私は必ずノートの確認作業をしています。毎年このタイプは何人かいるものです。

成果が上がらないと、「自分は頭が悪い」「自分はだめだ」と思いがちです。反対に、この苦手意識を払拭《ふっしょく》し、自信をつけてやることが、学力を伸ばす特効薬になることを、ぜひ知っておいていただきたいと思います。

いつも一人ぼっちで暗い顔をしていた子

四年生で受けもったとき、由美さん（仮名）は暗くよどんだ顔色で、教室の片隅でじっとしている女の子でした。そして休み時間になると、一人、教室に残っていて、仲間のいない子どもでした。

以前から体調を崩《くず》しているというお母さんからの連絡では、「うちの子はずっと仲間はずれにされてきたようなのでよろしくお願いします」「うちの子がまた仲間はずれにされたみたいです」「今日は掃除のときこんなことをされたと言っています」というような連絡が連日入ってきました。私は、そのたびに子どもたちの様子をうかがい、ひとりひとりの行動をたどってはお母さんの心配を打ち消していました。

子どもたちが当番活動をしているところに行っては、「昨日はどんなことがあったかな」などと、同じ場所で再現してもらいながら事情を聞きとったり、由美さんにやり方を教えながらグループに溶け込めるようサポートしたりと、個別指導のほとんどを由美さんの支援にあてていました。

しかし、体調の悪いお母さんからは毎日のように、学校でこんなことがあった、あんなことがあったと訴えられました。家に帰っても電話が鳴るので、話をゆっくりお聞きしていると一〇時をまわってしまうこともしばしばでした。もともと、由美さんが泣いてばかりで手がつけられなかった低学年のときの話や、三年生のときの遅刻ぐせが情報としてあったので、私としては親子に十分寄り添いながら、よい方向を見つけだすことしか、選択肢はありませんでした。

そんな六月のある日、ラッキーなことに、彼女の休み時間の行動をじっくり観察できる機会がありました。チャイムが鳴り、挨拶《あいさつ》をしたほかの子どもたちはいっせいに外に向かい、由美さんだけは所在なさそうに教室の後方へ行きました。教室から出るようなふりをしながらよく見ていると、ふらっと窓際へ寄ったり、後方のロッカーの上の学級文庫に目をやったりと、うつろな状態が続きました。私は、忘れ物でもしたような格好で教室に再び足を踏み入れ、由美さんに語りかけました。

私「ねえ、みんなと外へ行かないの？」

由美「だって入れて、って言ったら、いやだっていわれたんだもん」

私「あら、いやだって言われたの。そうだったの。先生が見ていたときには、だれとも話してなかったけれど、だれに言われたのかな？」〈**リフレイン、質問する**〉

由美「……」

私はじっとして、由美さんと目を合わせながら待っていました。〈**沈黙する**〉

由美「だって、（小声になって）面倒くさいんだもの」

私「え、面倒くさいんだ。そうだったんだ」〈**リフレイン、承認する**〉「ということは、だれにも言われていないのね」

由美「うん」

私「よく正直に言えたね。どういうことが面倒なの？」〈**承認する、質問する**〉

由美「だって、お母さんはいつもしつこく、今日はどうだった？　また仲間はずれにされなかった？　Ｉくんにまた何か言われたんじゃないの？　って聞いてくるんだもん」

それまで、ほとんど口を開かないできた由美さんが、一気に吐きだすように言ったのです。

私「そうか、そういうことだったのね。お母さんは大事な由美さんが心配なのね」
由美「心配しすぎでしつこい」

由美さんは母親を疎《うと》んじるように「しつこい」を連発しました。

私「そうかもね。いいこと教えてあげようか。お母さんは由美さんがかわいくて大事だから心配していると思うのよね。だから、心配しなくていいよって言うといいかもしれないよ。たとえば、『私、仲間はずれになんかされていないから心配しないで』って言ってみるのはどうかしら？」〈**提案する、選択肢を与える**〉

こうして、由美さんにとってはおそらく入学以来初めて、担任との会話が成り立ちました。そして、この経緯をお母さんにも伝えることができました。

この日から、由美さんはほんの少しずつ口数が増えていきました。なんといっても言葉を交わした経験ができたのです。友だちとも言葉を交わせるようにサポートしやすくなっていきました。当番やグループ活動でも、私に促されながら意思表示ができるようになったのです。

掃除などの分担決めでも、自分から選ぶことができるようになりました。以前は、自分が何も言わないから決まってしまう分担について、勝手にいやなものを押しつけられたという話の展開になってお母さんに伝わることが多かったのですが、それも根本から改善されました。

友だちとの関係では、ほつれた糸がほどけ、本人が自ら行動のしかたを吸収していきました。前向きになると由美さんは四年生なりに、今まで身についていなかった分を一気に取り戻すように成長しはじめました。

しかし、一学期の変化はまだまだ小さいものでした。

お母さんからの電話相談はまだ続いていましたが、それでもだんだんと間があくようになり、夏休み間近の七月のある日にいただいた電話では、突然、お母さんが納得したようにつぶやきました。

母親「先生、私が神経質になりすぎていたんですね」

話の文脈とはまったく関係なく、突然、思いがわきあがったようでした。

私「そうですか、神経質にね……」〈リフレイン〉
母親「すべてがそうだったのでしょう」

そして、それまでとは打って変わって、あっさりと話を打ちきり、電話を切ってくれました。

それからはいっさい、お母さんからお電話をいただくことはありませんでした。由美さんはどんどん明るくなり、給食もたくさん食べるようになりました。男子にからかわれても言い返すことができるほど気丈になり、卒業まで笑顔がたえることはありませんでした。

友だちとなかなか遊べない子

子どもの社会性が育つためにもっとも重要な環境が、友だち集団だと思います。

ところが、小学校に上がってもなかなか友達と遊べない子どもがいます。隼人くん（仮名）はそんな一人で、三年生になってもいつも砂場などで一人遊びをしていました。私たち教師が介在すれば仲間に入れますが、自然に友だちの輪の中に入ることはありませんでした。

担任を受けもっているとき、一日のめあてとして、「休み時間は外で友だちと遊ぼう」という目標がよく決まりました。私が保健的な見地から外遊びを推進していましたし、友だちと遊ぶことの楽しさをつねづね訴えていましたので、そういうめあてが決まりやすかったのだと思います。

一人で教室に残りがちな隼人くんが学級のめあてを意識し、ドッジボールに加わってみようと、一大決心をして校庭に出た日がありました（これは子どもたちが帰ってきてからわかったことです）。

職員室から眺めていると、ドッジボールのコートのわきには行ったものの、しばらくすると砂場に行ってしまいました。休み時間が終了して帰ってくると、隼人くんが思いもよらないことを言いだしました。

隼人「先生、せっかくドッジボールで遊ぼうと思ったのに、みんなが仲間はずれにした！」

私「ドッジボールに入ろうと思ったのね。それはいいことね。仲間はずれにされた？　どんなふうにされたのかな？」〈**承認する、リフレイン、質問する**〉

隼人「コートの真ん中に行って待っていたけれど、入れてくれなかった」

私「コートの真ん中で待ってたんだ。だれが入れてくれなかったの？」〈**リフレイン、質問する**〉

隼人「みんなが……」

私「みんながね。何と言われたのかな？」〈**質問する**〉

隼人「別に……」

私「何か言われたわけではないのね。君は何と言ったのかな？」〈**質問する**〉

隼人「何も言ってない」

私「何も言ってないんだ。みんなは君に気づいていたのかな？」〈**質問する**〉

隼人「……」（あれ？　という感じで人差し指をおでこにあてて首をかしげる）

　隼人くんは、自分の視点をひっくり返された思いだったのでしょうか。「そんなことってあるの？」と考えはじめた表情のように映りました。隼人くんの沈黙が少し続き、私は、ドッジボールをやっていた子どもたちに呼びかけました。

私「ねえみんな、隼人さんがドッジボールに入ろうとして立っていたけれど入れてもらえなかったと思っているみたいよ。気がついた人はいますか？」〈リフレーム〉
友だち1「えー、いたの？　知らなかったよ。入ればよかったじゃん」
友だち2「そのとき隼人さんは何か言ったの？」
私「黙ってそばに立っていただけだって」
友だち2「それじゃ、わからないよ。夢中でやってるんだから。今度は言ってよ」
友だち3「私なんか女の子で一人だけれど、どっちでもいいから好きなほうへ入っちゃうよ。それでできちゃうよ。やってみてよ」
隼人　ニヤニヤして、首をすくめる。
私「ドッジボールに入ろうと思った君が好きだよ。でも、気持ちをきちんと伝えないで仲間はずれにされたって決めつけるのはまちがいだったね。まずは『入れて』と言うか、そのままどんどん入ればいいことがわかってよかったね。せっかくお友だちと遊ぼうと思ったんだから、明日からは楽しんでね」〈**承認する、励ます**〉
隼人「はーい」と言って、ホッとしたような表情で席に着きました。

この日以来、隼人くんはぽつぽつと友達の輪に入っていけるようになりました。まわりの子どもも、隼人くんの思いを気づかって誘う場面が現われました。

それでも、「どうせできっこない」とか、「どうせ○○だ」と思い込む傾向は残っていたので、ことあるごとに、「自分は何も言わずに仲間はずれにされたと思い込んだ」ときを振り返らせました。そして、相手に気持ちを伝えることをサポートし続けました。

一カ月もすると、もともとあったユーモアのセンスを発揮するようになり、隼人くんには親友が二人できました。三人組で折り紙を競いあったり品評会をしたり、または外に出て大勢のドッジボールに加わったりと、友だちとかかわりあいながら遊べるようになりました。

隼人くんはマイペースで殻を作っていたため、集団活動での体験が不足していました。もちろん、時間的にはみなと一緒に経験しているはずですが、目の前の作業を指示されてやってきただけだったのでしょう。まったく興味がなく、しかも、やいのやいのの指示に、何とかついてきただけという活動が多かったようで、自分の意思で参加することが極端に少なかったようです。折り紙が好きなように、個別作業には興味がありましたが、三年生まで、友だちとのかかわりをあまり持ってこなかったので、集団遊びの楽しさを知らずにいました。

食わず嫌いと同じく、やらず嫌いの子どもたちに、何とかはじめの一歩を踏ませられれば、友だちとの遊びについては、すぐに面白さがわかってもらえるものだと思います。

自信のなさからすぐに挫けて動けなくなる子

子どもは何か一つでも自信をもつことが、成長の原動力になります。ところが、自信がないことには、なかなかはじめの一歩が出ません。ですから、失敗を恐れずにやってみることができれば、まず問題はないのです。やり続けることが、成長につながるからです。ところが、ちょっと手を出してみてうまくいかないとすぐに挫《くじ》けてしまい、固まって動かなくなる子どもがいました。そして、いつまでも泣き続けるのでした。

私が初めて固まって動かなくなってしまった優くん（仮名）に出会ったとき、何が原因でそうなったのか、まったく見当もつかない状態でした。

たとえばピアニカの演奏でも、ちょっとつかえただけで急に何もできなくなってしまいました。初めての曲ならば、指がスムーズに動かない子どものほうが多くて当たり前ですが、優くんには関係ありません。つかえたとたんにショックを受け、殻に閉じこもったように背中を丸め、動かなくなってしまうのでした。何を聞いてもこたえてくれず、その時間は延々と二時間以上になり、給食も食べられませんでした。やっとのことで指使いがうまくできなかった原因をつかみ、「みんなできなくて当たり前だよ。少しずつできていくようにやってみよう」などと優しく話しかけても、かえって泣きじゃくります。もうそうなってしまうと、深呼吸を何回かさせた後、しばらく放っておくしかありませんでした。

その後、なかなか手が進まない様子のときは、そばに行って少しだけサポートし、できるだけ安心感を持ってもらえるようにしました。しかし、それでも見当もつかない状況で固まることがぽつんぽつんと起こるのでした。

そんな優くんに自信をつけたい一心で、彼の得意な面を探していた私は、ある日の授業中に、彼がつぶやいている言葉に光るものを感じました。私が話している内容の分析的な言い換えや、説明不足への疑問を口にするのでした。悪意があれば、揚げ足取り的な言い方に聞こえる可能性もある言葉でした。それでも優くんがつぶやくように発する言葉には、素直さが感じられました。その内容も、課題をより具体的に問い直し、ほかの子どもたちにも助けになるような質問となっていることがしばしばでした。

あるときから、私は優くんの疑問を、質問としてほめるようにしました。

私「その疑問はいいね。手を挙げて話してくれたら、とてもいい質問になるんだよ」

〈**承認する**〉

優「ふーん」

優くんは目をパチパチさせながらも表情を変えることなく、黙ったままでした。ところが、優くんのつぶやきや疑問を認めはじめて二週間ぐらいたったころです。優くんが手を挙げるようになりました。一日に一回、二回と増えはじめ、とくに「質問しよう」とする態度が目につきはじめました。しかし、まだ固まって動かなくなることはたまに起こっていました。

私「優くんの質問はいいね。優くんには質問する力があるね」〈**承認する**〉

優「ふーん」

本当にいいと思うことを意識して伝え続けました。そのたびに目をパチパチさせていましたが、質問することにはだんだん意欲が出てきたようでした。

一方、家庭ではお母さんがピアニカの練習につきあい、少しずつ指運びもスムーズになっていきました。毎日、情緒の安定を促す深呼吸を何回か励行《れいこう》している様子も伝わってきました。

学校の学習では、算数が得意になってきて、勉強に向かう意欲が見えはじめました。計算力はもとより、文章問題の理解力がついてきました。自信がついてきたのか、堂々と発表することがぐんと増えてきました（何に自信がついてくるかは子どもによってちがうものです）。

このように、少しずつ変化が見え隠れしながら、夏休みに入りました。のちにお母さんからお話を聞いてわかったことでしたが、夏休みにはお母さんが一緒についてサポートし、一年生の分から学習を少しずつがんばらせたようでした。また、絵日記帳には絵なしの日記でも許し、毎日日記を書くことにもつきあってくださったようでした。

二学期がはじまると、見ちがえるように学習にすんなり取り組む優くんになっていました。

私「何であっても、できないことは恥ずかしくないのよ。失敗だって恥ずかしくない。やってみなければいつまでもできないのだから、やらず嫌いや固まってしまって

試さないことのほうが、恥ずかしいんですよ」〈**リフレーム**〉

全体に指導していると、みんなに聞こえる声で優くんがつぶやきました。

優「ぼくはもう固まらないよ」

そう宣言したのです。

私「頼もしいわね。ピアニカも勉強もやったらできちゃったものね。何でもやってみればできるようになるのがわかったのね」〈**承認する、励ます**〉

うれしい言葉に、優くんを認めました。

もともと潜在能力はあったので、学習もしっかり定着するようになりました。図工など、苦手意識があって、なかなか構想がまとまらないくせも残ってはいますが、教師や友だちのサポートを受けて作業を進めようとする態度に変わりました。

おもしろいことに、この頃になると、自分の体験から友だちにアドバイスする光景も見られました。けんかなどで泣きじゃくる友だちに「深呼吸をすると落ち着いて考えられるようになるんだよね」などとアドバイスするのです。

こうして、一緒について学習をサポートしたお母さんの努力や、自信をつけたいと認め続けたこと、さらには深呼吸の効用について説明していたことが、徐々に芽をふいていきました。

優くんの場合、認められたことやほめられたことを養分に、一歩一歩、努力を積み重ねたことが徐々に自信につながったのでしょう。あせらずにサポートすることの大切さを優くんからあらためて教わりました。

国語や算数のテストも、すべて百点となったのには目を見張りました。ミスもなく、しっかり見直している優くんが、テストのたびに、さらに自信をつけていく様子が表情から伝わりました。お母さんにも成果は伝えました。まだまだ心配そうなお母さんでしたが、優くんの成長を楽しめるお母さんになってほしいという一心で、すごく伸びている様子を個別面談で伝えました。お母さんへのごほうびにもなればうれしいことです。

図工のような、計画性や構想力に加えて技術も要する活動でも、一歩一歩、着実に作業を進められるようになりました。すると、作業が雑になりがちだった優くんが、少しずつ細部にも気をつけられるようになりました。子どもの成長は、さまざまな能力を押し上げていくのだなとつくづく実感しました。

寄り添うことで安心できる空間をつくり、自信を持って取り組めるようになるまでサポートすることで、大きな成長を引き出せるということがわかった例でした。

覇気がなく、活動や登校をしぶりがちな子

こういう子どもは、どのクラスにも存在しています。表面に現われる態度の程度には差があるものの、内面で起きている恐れや自信のなさについては大同小異のような気がします。失敗を、傷つくことを極度に恐れ、はじめの一歩を踏みだすことから逃げてしまう子どもたちです。

これまで担任してきたクラスには、男子も女子もいましたし、低学年から高学年に至るまで存在していました。できるだけ低年齢のうちにトライすることに抵抗感をなくしてやりたい、友だちとかかわることの楽しさを伝えてやりたい、という気持ちで見守ってきました。私がかかわりにやって助けるのは簡単ですが、それでは彼らの自立に役立ちません。何よりも本人自身の体験でしか、本人の恐れを克服させることはできないからです。最近のニートや引きこもりの問題も、こういう子どもたちの延長線上にあるように思えます。

本人にとって逃げたくなるようなハードルを自分で乗り越えたときこそ、「やってみてよかった。やらないと味わえない世界がある。けっこう楽しいものだ」と初めて実感できるのではないでしょうか。このことを何とか伝えようと、エネルギーを多く割《さ》いている教師は多いと思います。

私がコーチングを取り入れはじめた頃は、目の前の活動に取り組める子を対象に、意欲と自発性をいっそう引き出し、さらに成長を促せるのではないかと考えていました。しかし、この項で紹介する子どもたちは、スタート台を遠くからながめるだけで尻込みし、身も心も震えて体調まで崩すような子どもたちでした。どの子もすぐにお腹が痛いとか、気持ちが悪いとか言いだしやすく、繊細さが目立ちました。

この、テンションが低いとかモチベーションが低いとも表現できる子どもたちに共通する特徴は、体育を休みがちなことです。過去の例では、球技も器械体操も得意なのに見学が多いという子どももいましたが、たいていは、身体を十分に動かしていないために、運動機能に遅れが出ていました。はじめの一歩がなかなか踏みだせないので、いつまでも未知のまま機能が停滞し、能力が開発されないままでいるという悪循環に陥っていました。

とくにPTSDのようなトラウマを抱えている子どもではない、二人の女の子を例に、変容をたどってみたいと思います。二人とも前学年での欠席日数が一五日以上でした。綾香さん（仮名）四年生と千春さん（仮名）二年生の例です。

綾香さんは背が高くひょろっとしている子どもでした。顔色はつねに青白く、授業中にすぐに気分が悪いと申し出るため、保健室に行かせることが多かった子です。担任して一～二カ月もすると、欠席理由が気になりはじめました。高熱などはなく、体調不良という理由が多いことに釈然としない思いを感じはじめました。体育は休みがちで、見学ばかりでした。鍛《きた》えたくとも鍛える場がなく、心身とも冷え込んでいるようでした。繊細で傷つきやすいというよりは、臆病な子どものように私の目には映りました。学力的には、どの教科でも普通以上の力を示していました。

あまりに簡単に欠席することや、傍観者の立場になることが気になり、あるとき、保健室のベッドに寝かせる前に次のような話をしました。

私「綾香さん、ここでゆっくり休んでいいからね。あなたが、気分が悪くてしかたがないときは、いつでもここに来させてあげるね。ただね、いつも元気でいられる方法の一つを教えてあげたいのだけど、聞いてくれるかな？」〈**提案する**〉

綾香「はい」（うなずいてＯＫのサインを出してくれました）

私「ことわざに、病は気から、っていうのがあるのよね」

綾香　「うん」（頭を振る）
私　「あなたの身体には血液が流れているのは知っているでしょう？」
綾香　「うん」
私　「体の中には、血液と同じように脳やいろいろな器官から出ている液もあるのね。そして、気持ちと関係して出るもの出ないものもあるらしいのね。『これっくらい平気』と強い気持ちでいると、元気にしてくれる液体が出てきて本当に元気になるんですって。『だめじゃないかな』なんて心配すると、病気と闘ってくれるしくみのレベルをその液体が落としてしまって、本当に具合が悪くなったりするらしいのよ」
綾香　「……」（思慮深い綾香さんはじっと耳を傾けていました）
私　「学校って失敗をいっぱいするところだし、困ったら私や友だちに助けてもらっていいところでしょ。だから気持ちで病気を寄せつけないように意識してみるのを試してみない？　だめでもともと、だめなときはいつでもここへ来ていいからね」
綾香　黙ったまま、私の目をじっと見つめ、うなずきました。
私　「おもしろい挑戦だと思うの。結果がどうでも、先生は味方だからね」〈**励ます**〉
以上の言葉を残して、私は綾香さんを養護の先生に預けて教室に戻りました。あくまでも強制ではなく、提案に留めました。綾香さんの考えに委《ゆだ》ねる態度です。綾香さんを担任したのは、コーチングに出会う前でしたので、質問で彼女の気づきや目標を引き出すことまではできませんでした。

しかしその後、綾香さんは友だちとの会話が少しずつ多くなり、次第に笑う場面も増えて、学習の成果もぐんと上がっていきました。手を挙げて発表するなどの積極的な態度も表れてきました。

今にも折れそうな身体でしたが、苦手そうに見えていた体育をやってみたら全身を動かすことの楽しさを知ったようでした。四年生になっても跳び箱の三段を開脚で跳び越せない場面でも、表情が柔らかく、笑顔がこぼれることもありました。

二学期には、すべての教科に十分な力を発揮し、外遊びもしていました。相変わらず色白でしたが、青さは目立たなくなりました。

当時は、何が綾香さんにいい影響をもたらしたのか、わかりませんでした。しかし、虚弱体質というより、精神面の弱さが目立っていたのと、すぐに閉じこもるように欠席や見学にまわる不自然さを気にしていたことが役に立ったような気がします。

「登校拒否の子どもには何も働きかけない」「がんばらせない」という風潮が教育界でも主流だった時代でした。個性尊重の名のもとで、「できない」「怖い」というたんなる物怖じを認めてしまっていたら、本人が能力を勝ちとったり、はじめの一歩を踏みだすチャンスを奪ってしまうのではないかと危惧《きぐ》していたことをおぼえています。

まだコーチングを知らなかったのですが、コーチングにある「提案」「励まし」で、寄り添いながら力づける伴走者になっていたのかなと思います。


一方の二年生の千春さん（仮名）は、やはりおとなしく、作業がとても几帳面な子どもでした。前年度の欠席日数が一九日と多く、担任してから早々にかなり観察した子どもでした。例にもれず、欠席や体育の見学がやけに多いのです。連絡帳にはきちんと見学理由が記されているのですが、首をかしげるような理由が重なりました。

そんな折り、鉄棒をしているときに、千春さんが転んで膝《ひざ》をすりむいたことがありました。すると三日後、連絡帳に「すりむいた傷が痛いので体育を休ませてください」とありました。跡は多少残っていたものの、化膿《かのう》しているわけでもなく、鉄棒をやるのにまったく支障はないと断言できましたが、体育は見学しました。

ちょうど家庭訪問の時期でもありましたので、簡単に見学を認める理由を知りたくて、まずはお母さんのお話をうかがうことにしました。

お母さんは、前年度に欠席が多いことと、何事にも臆病で登校をしぶりがちなことを心配されていました。千春さんのお母さんは、強圧的な様子でもなく、私の目には、千春さんのことを何よりも優先して気づかう優しいお母さんに映りました。

私「登校をしぶるのはどんなときでしょうか。何か例があれば教えてください」

母親「鉄棒が嫌いだから休みたいとか、ドッジボールが嫌いだから休みたいとか言っています。何でもやってみようという気持ちが足りなくて心配です」

私「しぶるくせがご心配なんですね。そういうときは、どういうふうに送りだされるのですか?」〈**リフレイン、質問する**〉

母親「家から少し送ることもあります。でも、この間はどうしても行かないと泣くので、腹痛として休ませました」

私「やっぱりそうだったのですね。お休みが気になりました。直接間接を問わず、登校をしぶる原因でほかに考えられるものはありませんか?」〈**質問する**〉

母親「じつは下の子が育ってきて、以前のようにあの子の相手ができていないかもしれないと反省しています。よく、下が生まれると上の子が欲求不満になりやすいと聞きますので、あの子の気持ちをできるだけ受け入れてやりたいとは思っているのですが、まだ足りないのかなと心配です」

私「千春さんは長女ですね。受け入れてやろうというお気持ちが、先日の体育の見学理由にあらわれていましたね。三日前の擦《す》り傷なのに、『傷が痛むので体育は休ませてください』とありましたね。私からはどう見ても体育を見学する理由にはなっていないと思いましたけれど、連絡帳が届いたので見学させました」
母親「いまは体育で千春が嫌いな鉄棒をやっているんですか。体育がある日はたいてい休みたいと言うんです。学校を休まれるよりはいいかなあと思って書きました」
私「おやさしいですね。お宅はお母さんが心配しているような愛情不足にはなりませんよ。それよりも、嫌いなことから逃げていることのほうが気になりますね。一〇年後にはどんなお嬢さんになっていてほしいですか？　生活態度、お友だち関係、学校生活など、どんな日々を送っていてほしいと思いますか？」〈**ビジュアライズ**〉
母親「いまみたいに臆病がったり毛嫌いしたりせず、何事にも気楽に取り組める元気な子になってほしいですね。このあいだも、ドッジボールで一人内野に残ってこわかったから、もうしたくないって言っていました」
私「そうですね。何にでも挑戦する意欲はほしいですね」〈**共感する**〉
母親「そこが心配です。先日もあの子の気持ちを思って遊びに出かけたりしたのですが、もっと愛情を示す必要があるのでしょうか？」

私：「十分寄り添っていらっしゃるように私には映ります。素晴らしいと思いますよ。ずいぶん前にも同じようなタイプの女の子を受けもったのですが、血液と同じように、いろいろな液が身体には流れていて、それが気持ちと関連していて、気持ちが身体に影響するという話をしたことがあります。年じゅう青白くなって気分が悪くなる子でしたが、『病は気から』の話を理解したようで、気持ちをしっかり持てるようになりましたよ。とても几帳面で、千春さんのように能力の高い子でしたから、逃げずになんでもやってみようと挑戦しだして、ものすごく自信がついたようでした。だれでも未知のことは多少怖じ気づくものですが、逃げることに慣れていたんですね。逃げなくなったら楽しさがわかって、どんどん積極的になってきましたよ。この話を千春さんにもしようと思います。やらないといつまでもできない、わからないで、怖いままになってしまいますからね」〈**提案する**〉

母親「私はどうしたらいいでしょうか？」

私「私の考えをお話していいですか？」〈**提案する**〉

母親「お願いします」

私「お子さんの一番の味方はお母さんなので、『つらい』とか『こわい』とか言ったら、その言葉は受けとめてやってください。これは私からのお願いです。『つらいんだね』とか『こわいのね』とか繰り返すだけでいいんです。コーチング的に言いますと、それで相手は聞いてもらっている、受け入れてもらっていると感じるようですから。ただし、何事もトライしないで逃げるくせはなくさないと、これからますますエスカレートしていくとも考えられますね。恐れを乗り越えて何とか挑戦できる子にしたいですね。どうしましょうか?」〈**質問する**〉

母親「そうなんです。主人もそこをどうしていいかわからないと頭を抱えています。学校を休みたいとか言ったとき、『休みたいのね』なんて言っていいんでしょうか。なんだか本当に休みそうで、こわい気がします。先生だったらどういうふうにするか教えてくれませんか」

私「私だって学校を休みたいですから、『休みたいのね、わかるわ』というのは、言ってもいいと思いますね。お母さんお父さんが寄り添う気持ちなのですから、千春さんには愛情が伝わると思います。だからと言って、本当に休ませるのと、休まないのでは雲泥《うんでい》の差ではないでしょうか。本当の愛情って、何でもかんでも受け入れるのとはちがうように思います。失敗を恐れずに挑戦することのよさを話してあげるのもいいでしょうし、苦手なことや嫌いなことに一緒に取り組んであげるのもいいでしょうし、コツをアドバイスして恐れを減らすのもいいでしょうし、とにかく逃げることか

ら脱するために何か試してみるのがいいかもしれませんね」〈**選択肢を用意する**〉
母親「なるほど、ヒントをたくさんもらった気がします。また教えてください」
私「いつでもどうぞ。何かありましたらご遠慮なくご相談ください。登校をしぶっても、何とか学校に来られるようにできるといいですね。いえ、ぜひそうしてほしいです。それはご両親にしかできないことですから」〈**励ます**〉

家庭訪問後、運動会や水泳のたびに、やはりまた登校をしぶっている様子がうかがえました。でも、お母さんが校門の前まで送ってきたり、途中までついてきたりして、簡単には休ませなくなりました。クラスの中では、班ごとの簡単エクササイズでの会話を楽しめるようになり、私もほっとしました。

エクササイズをやるようになってから、友だちが増えていきました。この頃わかってきたのは、千春さんは目の前の小さな集団の中で、やり方がはっきりわかることについては安心して取り組めるということです。

それでも何かと怖じ気づいては休みたくなることは多かったようです。少しずつ経験を重ね、達成感を体得しながらも、まだ危うさが残る状態が六月末まで続きました。

それでも休まなくなってきました。簡単に休ませない、見学させないというご両親の方針が明らかに感じられました。それでも月曜日に休みたいと言うことはあったようですが。

ほとんど声が聞きとれない状態だった四月がすぎ、五月の運動会を越えた頃には、算数で手が挙がるようになりました。そして六月の終わりには、役になりきった音読に立候補するまでになりました。私は、何か新しい課題に入るときはいつも、千春さんのほうに目をやりました。目と目を合わせ、「大丈夫、あなたならできます」というサインを出しつづけました。やり方を把握《はあく》しているかを確かめながら、見守り、たとえちょっとしたことであっても、やり終えたときには、「できたね、やればできるんだね。やらなければいつまでもできなかったね」と必ず声をかけました。算数、国語ではよく手を挙げるようになり、確実に学力を身につけていきました。夏休みには、ご家庭でも水泳などを一緒に楽しんでいる様子でした。あとになって、『千春のプール指導がはじまる前に、家族で旅行し、旅先で一緒にプールに入って楽しさをわからせてあげました』とお聞きしました。

二学期にはだいぶしっかりしてきたので、一学期と同じ対応をしてはいましたが、あまり気にならなくなり、友だちも増えたので安心できました。二学期の中ごろには一年生をサポートする機会もあり、ぐんと落ち着いてきたようでした。

全校行事でも、全校発表会のポスター描きに立候補しました。ドッジボールでは、また内野に一人だけ残ったときがありましたが、笑顔が消えず、帰りの会で、「今日のよかったこと」として発表できるほどになりました。

それに何といっても変化が大きかったのは、体育の時間でした。マット運動ではお手本を示せるくらいに上手に身体を丸めて転がりました。休みたそうな気配はみじんもなくなり、けらけらと笑い声が聞こえてきそうな表情で取り組んでいました。

もともと几帳面で細部にまで目が行きとどく千春さんですから、学習面ではますます能力を発揮して意欲的になりました。

綾香さんも千春さんも、ちょっとしたことで怖じ気づき、挑戦せずに逃げだしてしまうタイプでしたが、ていねいに見守って恐れを取り除き、楽しさ、面白さを味わわせるようにすれば、そんな子どもたちでも自然と挑戦意欲がわいてくるものだということを教えてくれたのです。

不遜な態度や怠けぐせが目立つ子

猛くん（仮名）は上の兄弟と年が離れた末っ子で、口は達者なのですが、どちらかというと手先の不器用さが目立つ子どもでした。

授業がはじまるというのにランドセルが机の上にあるので片づけるように注意すると、「それが？」「うるせい」などと、口ごたえするか無視をして、勝手なおしゃべりを続ける子でした。ときに早く片づけていることがあったので、「今日はできているね。その調子！」などの言葉で認めたときも、「だから？」とか、「それが何だ」という反応が返ってきました。大人びた図太い態度と相手の気分を害して挑発するような言動ばかりが目立ちました。

ときには気分を立て直して謝ることもありました。そんなときは、「はい、すみません」と、いたって神妙なのですが、一分ももたずに不遜《ふそん》な態度に戻ってしまうのでした。前年度の担任や学年の先生に様子を聞くと、「注意が響かない、悪いとわかっていながらこりない」という言葉がきかれました。

活動に入ると、自立的に取り組むことができず、「……をやって」と私に何でもやらせようとする態度が目立ちました。自分で取り組むように言うと、「面倒だ」「できない」の連発で、いかにも手作業が苦手そうで、ノートに書くような活動からもエスケープし続けたりと、身についていないことがたくさんあるのに気づきました。

家庭訪問では、悪態や口ごたえの態度について、ご家庭の協力をお願いすると、次のようなお話がありました。

母親「あの子の兄たちにもまれ、その影響で言ってるんだと思いますが、二年生になってひどいのです。だんだんエスカレートしていて私も最近心配なのです」

私「そうですか。二年生でひどくなりましたか。前年度の先生にお聞きしたところ、一年生のときからこりないということなのですが。猛さんは何がよくて何が悪いかということについてはしっかりわかっているようです。ただ、私には、そういう態度に慣れてしまっているように見えます。今日は、家庭訪問があるとわかっているので、非常に素直でしたし、普段の自分の態度を振り返って反省もしていました。態度がよかったので、ほめまくりましたので、今日みたいな日が増えるよう、私も応援したいと思います。ご家庭でも悪態や口ごたえについて一緒にご協力いただけるとうれしいです」

そのような話し合いがあって、少しずつ悪態は減っていきました。ところが、なかなか作業に取り組まず、いい加減で投げやりな態度はまだ続いていました。その怠けぐせは学習面にも影響があり、できないことが山積みでした。

私は、ご家庭のご協力が功を奏して悪態がぐんと減ったことに、お礼を述べてみようとお電話を入れました。そして次の目標として、勉強を少しずつサポートしてもらおうと連絡を試みたのでした。ところが、あいにく連絡がなかなか取れず、その状態を引きずってしまうことになりました。

お母さんに通じないまま、一学期最後の懇談会の日になってしまいました。懇談会終了後、猛くんのお母さんが残られました。

母親　「先生、ますます態度が悪くなっているようでなりません」

私　「そうですか。家庭訪問からぐんと悪態が減ったので、私はお礼を申し上げたかったのですが。お宅ではひどいですか？　どういうことが原因に考えられますか？」

母親　「（クラスであったできごとなどについて話したあと）……どうしても、先生はうちの子を受け入れてくれていないように思います」

この瞬間、私は頭をガーンと叩かれた気がしました。

私「ああ、そう思わせてしまったのですね。私にどんなことをしてほしいですか」

母親「あの子をもっと受け入れてほしいと思います」

私「私としては、受け入れているつもりでしたが……わかりました。少し対応のしかたを変えられないか努力してみます。ところで、やるべきことをやるくせをつけたいので、宿題のときなど、すこし寄り添っていただくとうれしいと思います。家で勉強したときは、うれしそうに、『昨日勉強したよ』と、みんなに聞こえるように言っているのですよ。最近、家庭学習をやりはじめたようですね（猛くんからそんな話が聞かれるようになっていました）」

母親「一枚に国語と算数が数題載っている簡単なプリントなんです。それでも、それをやらせるのに一苦労なのですよ」

私「うれしそうで、お母さんががんばってくださっているのが伝わっていますよ。その調子で、宿題などもちょっとつきあっていただき、できないことを減らして自信をつけてやりたいと思うのですが。心根は子どもらしい素直さがあると感じているので、たぶん、投げやりな態度もなくなると思っているのです」

母親「わかりました。たしかに本当は自信がなさそうで、自信をつけたいとは思っています」

私「大丈夫ですよ。きっとお母さんと私が同じようなサポートを繰り返せば、できることが増えて自信がつくと思いますよ」

こうして最後には、お母さんは涙ぐみながら帰られました。

次の日、猛くんは班のメンバーと言い争いをしていました。遠くから声をかけてすむこともありますが、お母さんと約束をしたこともあり、猛くんのそばに行って彼の言い分をしっかり聞くことにしました。友だちは、いつものような勝手な猛くんの行動を責めています。

私「それで、猛さんはどうしようと思ったの?」〈**質問する**〉

猛「うん、ぼくは……と思ったの」

じつに素直に答えます。

私「猛さんはそう思ったんだって。やり方がみんなとちがっただけだったんだね?」
猛「うん。そうなの」
私「どちらも悪くないみたいね。どっちのやり方がいいか、もう一度話し合ってみてね」
猛「みんなのやり方でいいよ」
私「猛さんのやり方がよくないなんて先生は言っていないよ」
猛「うん。でもみんなのやり方でいいよ」
私「えらいね。譲《ゆず》れるのはたいしたものだ」〈**承認する**〉

私は反省しました。もっと猛くんに寄り添う必要があるということを思い知りました。お母さんに指摘されたときは、「私はこんなに受け入れているのに、まだ足りないのだろうか」と、少し抵抗を感じましたが、やはりもう一歩、彼に近づく必要があったのです。

気持ちを素直に語り、友だちの意見に従おうとする猛くんの様子を見て、私は喜びを持って反省しました。彼こそ、「承認」がたくさん必要な子どもでした。

そんな変化が起こり、ときどきは素直に活動できるようになっていった猛くんでしたが、学力は今一歩伸びずにいました。そして、二学期も一〇月半ばになって、個別面談がありました。

私「今日は一五分後にどんなふうになっていると、来てよかったと思っていただけそうですか？」

母親「学校ではその後、どんなふうにしているか知りたいです」

私「おかげさまで悪態や口ごたえはさらに減りました。ありがとうございます。ただ、習慣になっていたので、たまに出てしまいますが、そんなときは口に手を当てたりしています。お友だちともめても、すぐに謝れるようになっていますよ。それに家庭学習の成果が少しずつ出てきています。あとは面倒がって手を抜くくせを直したら素晴らしいですね。やらずにすませてきたせいで、できないことが多くなったと思うのですよ。できないことが恥ずかしくて、なおさら取りかかれないのかな、とも感じています。自信がなくて、自分を好きだと感じられないのかもしれませんね」

母親「そうなのですよ。私もつきあって抱いてやる時間もつくるのですが、そうすると、いつまでも抱きついていて、宿題などになかなか取りかからないのです。苦手なことはなおさらです。自信がないというのは私も感じています」
私「そういえば、計算力はかなりあるので、そこを強調して自信をつけたいと思うのです。たしかに注意したいことはいろいろありますが、だいぶ変わってきているので、今日からは計算の力があることをほめて、算数に自信をつけることから勉強に意欲を持たせるというのはいかがでしょうか」
母親「算数に力があるのはうれしいことですし、それならできそうです」
私「できそうですか。それでは、これから自信をつけて、やる気を引き出す戦略で寄り添ってみましょう」
母親「やってみます。ありがとうございました」

次の日、猛くんは算数の時間に見ちがえるような態度を見せました。しかも四五分間、自分から作業に取りかかり、積極的に手を挙げました。お母さんと私が協力して意図したことが、たちまち効果を表しはじめたのです。

計算力を私が認めていると知ったことから、算数への意欲をもてたのでしょう。寄り添うことや自信をつけてやることの効果を再確認させてくれた猛くんでした。

一〇月後半になると、それまでのテストでは四〇点くらいの成績が続いていた猛くんが、算数で八〇点を取りました。ほかの子どもが九〇点以上であっても、猛くんにとってはがんばった成果が見えたうれしい結果だったようです。

ますます算数の勉強にたいする意欲が上がり、やがて国語でもまじめに考えたりノートをとったりという態度が現われはじめました。グループ活動の音読発表では、登場人物の心情が伝わるような素晴らしい発表をしました。自分から活動に取り組み、達成感を感じることができる猛くんに変わりつつありました。

一一月になり、ほかの子同様、猛くんは国語の読解テストでも百点を取りました。「おれ百点だったぞ」と、小声で友だちに教えながらうれしそうに帰っていく猛くんは、やる前からあきらめたように、活動や作業に取りかからない猛くんとは別人のようでした。質問しながら自立的に学習し、手作業を進めて、試行錯誤を繰り返せるようになりました。年齢相応な自信もつけ、悪態もなくなりました。

年が明けて三学期がはじまり、猛くんはいつものように勝手なおしゃべりに興じていました。久々に会ったふざけ仲間とお調子に乗りはじめたのです。クラスのルールを徹底させるには、初めが肝心です。私は猛くんを遠くから注意しても効果がないことを重々承知していましたので、近づいてコーチングを試みました。

私「ねえ、いまそんなふうに騒ぐと、どんないいことがあるの?」〈**質問する**〉
猛「別に」
私「別に? それは会話になっていないね」
猛「それが?」

このように、話がかみあいません。一学期のような口ごたえと、ふてぶてしい態度が出ました。そこで、「ちょっと話があるから来なさい」といって廊下に呼び、次のように聞きました。

私「先生は、いつも君の味方になりたいのね。通知表にも書いたからわかるでしょ。それなのに『別に』とか、『それが?』とか言われても、返事とはとれないのよ。そういう言葉を言うときの君の気持ちを教えてくれないかな?」〈**質問する**〉
猛 目をぱちくりさせ、目線が泳ぎはじめました。ふてぶてしい態度は消えました。
私「先生、君の気持ちを知りたいのだけど。教えてくれないかな。『別に』とか、『それが?』って言うときはどんな気持ち? お願いだから教えて」〈**質問する**〉

猛　しばらく逡巡《しゅんじゅん》した後、口ごもりながら、申し訳なさそうに、「面倒くさい」

私「面倒くさくて言ってしまうんだ。なるほど。そうだったんだ。でも、それは相手に反抗しているように聞こえてしまうよ。話している相手にはすごくいやな感じを与えると思うけれど。そういうつもりではないのね」〈**リフレーム、承認する**〉

猛「うん」

私「そうだよね。まだ、どうしてもくせがあるから出たのかな。本当は先生の話を聞いてがんばってきてよかったことを知っている君だから、これからはそういう言い方もやめられるよね」〈**共感する、提案する**〉

猛「うん」（じつに素直です）

私「先生は、君の味方だからね。忘れないでよ。指きりげんまんで約束しよう」

猛くんは小指を立てて前に出しました。廊下での二人の話し合いでは、猛くんは素直に心を開きました。その後、何事もなかったように二人して教室に戻り、学習に入りました。猛くんが集中したのは言うまでもありません。じつにかわいらしい素直な言い方で質問しては、前向きに取り組んでいました。

猛くんのような身体の大きい子が、口ごたえをしたり悪態をついたりすると、じつにふてぶてしく映るものです。しかし、実際の猛くんは基本的な技術がまだ身についていなかったため自信がなく、それを一から努力することにも自信がなく、ひたすら面倒がってきたのかもしれません。

ところが算数で自信をつけたとたんに、ほとんどの学習でも問題がなくなりました。その自信があるせいか、三学期の初めに出た口ぐせについては、素直に改められました。一度、がんばればできるという可能性を信じられた子どもは、力強く成長しはじめます。今回のように、一時的に逆戻りしたように思える行動をとっても、成果があったことや成功体験を思い出させると、すぐに前向きになれます。

ただ、お母さんは、できるようになったこと、成長したことを認めるのが苦手なようでした。三学期にふざけすぎて友だちにけがをさせたことがあり、連絡することがありました。すると、そのことだけ反省すればいいところを、今までの成長も全部疑うような発言がありました。

少しの成長でも、認められるとさらに伸びる子どもたちなのですが、猛くんのお母さんは一つ一つの成長を認められず、いつもだれかが悪いと考えがちでした。

子どもの成長をまわりの大人が信じることが一番の環境になると、私は実感しています。これは、猛くんのお母さんに安心感を持っていただけるようにできなかった私の力不足もあるのだと思います。

大人に認められず、信じてもらえないと、子どもたちの前向きな態度が消えてしまうことがあります。私たち教師には、子どもや保護者に「成長できると信じさせる」能力が最も必要とされているのかもしれません。期待することによって、相手もその期待にこたえるようになるという「ピグマリオン効果」は、私の経験でもたしかにあると思います。

トラブルを集団の中で解決した子たち

ある朝、職員室で準備をしていると、五、六人の女子が飛びこんできて「大変なことが教室で起きている」と、私をせかしました。低学年のこどもたちの言う「大変なこと」ですから、そうあわてることもなく、教室に行きました。「健（仮名）がどうした」「亮太（仮名）がどうした」「陸（仮名）が泣いた」などの声があちらこちらから飛びかいます。

私「うーん、みんながいっぺんに話してもわからないから、一番最初に何があったか教えてくれる？」**〈質問する〉**

陸「ぼくと明日香さんが教室にきたら、健さんがラブラブって言ったの。ぼくは前から言わないでよって言ってるのに……。だから追いかけたの。そうしたら亮太さんが……」

陸くんは、話しながらこみあげてきて泣き声になりました。

私　「それで亮太さんは、どうしたの？」〈**質問する**〉
亮太　「ぼくが陸さんをぶった」

ここまで聞いて、一人一人の行為はつかめたものの、動機にあたる感情面がいまひとつつかめなくて、もう一度聞きました。

私　「ちょっとよくわからないので、三人に聞きます。最初にだれが何をしたの？」
健　「陸さんと明日香さんが一緒に教室に入ってきたから、ラブラブって言った」
私　「それで、陸さんがどうしたんだっけ？」
ほかの子ども　「いつも陸さんがやめてって言っているのに、健さんがラブラブって言ったの」
陸　「だから、やめろーって追いかけたの」
私　「頭にきていたの？」
陸　「うん」
私　「それで、亮太さんが陸さんをぶったのはどうして？」

亮太　「健さんが追いかけられて、かわいそうと思ったんだもん」

ここまで来てやっと状況が飲みこめましたが、三人の行為を順番に板書し、全員に向かって次のようにたずねました。

私　「この三人のやったことがこれだけど、けんかにならないために一つだけできるとしたら、どこをどうしたらよかったかしら」〈**リフレーム**〉

何かとトラブルメーカーだった健くんが、すかさず、

健　「ぼくがラブラブって言わなければよかった」
亮太　「ぼくが関係ないのににぶたなければよかった」
私　「陸さんはかわいそうなだけだったかな？」
陸　「ちがいます。ぼくも追いかけなければ、けんかにならなかったです」
私　「あらあら、そうすると三人とも反省したわけね。みんな少しずついけなかったんだ。よく考えられましたね。それじゃあ、今どうしたらいいですか？」〈**承認する、**

質問する〉

三人はすっと立って、それぞれにあやまりあいました。

私「やっぱりみんないい子だね。けんかや失敗はあるけれど、すぐにどうすればよかったか考えられて、えらいですよ」〈承認する、励ます〉

このように、何度か行為をなぞると、子どもたちは冷静になって考えられるのです。うまく裁定しようとこちらが身構えなくても、子どもたちが自分で答えを出してくれました。何だかうきうきと、劇でも見ているかのように楽しめたやりとりでした。

ここでも、「答えは相手の中にある」というコーチングのスタンスが活かされたのだと思います。

第５章

子どもの可能性を引き出す

子どもが意欲的になる三つの原則

今の子どもたちのどんな面を伸ばしたいかと考えると、意欲、自発性、自主性といったキーワードがうかびます。それでは意欲、自発性、自主性にあふれた子どもたちとは、いったいどんな姿なのでしょうか。

私は、目がキラキラと輝いている子どもたちにこそ、そんな姿がダブります。キラキラとした目をしている瞬間こそ、今に、未来にと意欲をもって、自発的、自主的な行動のスタートラインに立てるような気がするのです。

それでは、どんなときに子どもたちの目はキラキラするのでしょうか。

・子どもたちが希望に満ちている瞬間
・何かに夢中に打ち込んでいる瞬間
・確実に自分が成長していることを実感している瞬間

そんなときでしょうか。

子どもたちが成しとげることに意欲を出し、成しとげたことに達成感をみなぎらせて成長する――

そういう舞台を演出し続けたいと思い、日々、私なりに実践をしてきました。

学校は活動の連続です。子どもたちがキラキラした目で生き生きと活動するためにはどんな要素が重要なのでしょうか。

子どもが活発に活動するためには、まずはコーチングで言うところの目標設定から入ります。決して押しつけではなく、「どうなりたいのか」「どうしたいのか」「何を探りたいのか」「何をするのか」「何を学ぶのか」「どこへ向かうのか」という具合に、今の自分の目標がはっきり意識できるようにしてからはじめるということです。

この目標が意識された後は、そのために、「どんな行動をとるか」「どういうふうに進めるか」と、目標達成に向けた活動に入ります。この活動の場面で、私は三大原則を用いています。その場の活動に限っての完成度ではなく、自立に向かって一人一人の能力を育むことを重視したいと考えたからです。

試行錯誤を繰り返してでも、主体的に取り組んだ経験こそが、どんな課題にも応用できる力になると感じていました。これは、指示に従うだけの経験があまりいい結果をおよぼさなかった自分自身の体験から考えだしたことです。

以前、勤めていた学校の最寄りの駅前に行く用がしばしばありました。車で行こうとしても、私には道がわかりません。いつも道を知っているだれかにナビゲーターを頼みました。おかげで、一度もまちがえずにその駅前へ到着することはできたのですが、ついに一年たっても道を覚えられませんでした。

この経験から、目的や目標地点が意識された後には、子どもたちが自分で考えながら選んだり決めたりするほうが、その後の人生に活かせる能力を養えるのではないかと考えるようになりました。

「これをやりなさい。これでやりなさい。次にはこれをやりなさい」

こういう形式で教えこんだり、選択の幅のない材料で課題に取り組ませると、いつまでもナビゲーターやヘルプがないと何もはじめられない、できない子どもになってしまう危険性があると思ったのです。

自分で見通しをもち、自分自身で考えたり選びとったりしながら決めて活動するときこそ、子どもの意欲は増し、自発的、自主的に物事に挑んでいけるのだと私は確信しています。

私が考える子どもの意欲を引き出す三大原則とは、次のようなものです。

・子どもたち自身が考える
・子どもたちが選べる
・子どもたちが決められる

これら三つが成立するような場面を準備・設定するようになってから、自ら考え、自ら選んで決めた活動には、子どもはすごく意欲を出すものだなあと、あらためて実感できるようになったのです。

エクササイズでも登場した絵本作りを例にしますと、用紙、製本形式、内容についていくつかの選択肢を準備して示し、そのほかにも自分が思いついたものを何でも自由に選べるように設定します。

なかなか考えがまとまらない子どもたちは、提示された選択肢の中から自分で選びとって活動に入れます。模倣《もほう》ではありますが、選択するという自主的な活動になります。何かと自信がもてなかった子どもたちも、「これならできそうだ」「こうやればできるんだ」という見通しが立つ安心感から意欲的になることが多かったからです。

私の想像を超える構想力がある子どもたちは、自由に考え、選べるように設定してあることで、選択肢を組み合わせたり、選択肢以外にも広げたり、創造力を発揮して独創的な活動に入れることが保証されています。だからこそ、子どもたちは自発的に、意欲満々で課題に取り組むのです。私の能力を超え、私の想像もつかないような素晴らしい活動をする子どもたちに接すると、子どもから教わっている自分に気づかされて、とてもうれしいものです。

このように、三つの原則がそろっているときこそ、子どもたちの意欲は高まるのです。


また、この三つの原則は、問題を引き起こしている子どもたちとの会話にも活かされてきたことに気づきました。授業とは順序がちがいますが、最終的には自分の行動や態度の目標を意識できるように質問し、力づけます。

・自分のかんしゃくや怒りはどこからきているのか。
・本当はどうしたいのか、どうなりたいのか。

子ども自身が考えを進められるように質問し、考えが進まないときには、選択肢を示して選んだり気づいたりできるようなサポートをします。そして最終的には、感情や行動を子どもたち自身が決められるように、同意や力づけをしながら会話します。

実際の会話例を思い出してみると、必ず、感情についても子どもが自分で選んでシフトしたことを感じます。自ら怒りや躊躇《ちゅうちょ》を捨てて、ちがう感情にシフトし、次の行動を選んでいたと思います。そのシフトがどんどんスムーズになり、ついにはどんな場面でも怒りや躊躇が起こらなくなるのだと思います。

コーチングは一貫して、「答えは相手の中にある」というスタンスをとっています。

私が「コーチングスキルは子どもの意欲を引き出すことに役立つ」と考えてきたのは、子ども自身の中にある考えを引き出し、(認めて力づけながら)子ども自身が選択し、子ども自身が自発的に行動しはじめるのをサポートできると考えたからです。

「答えは相手の中にある」の相手とは、教育界では子ども自身のことです。子ども自身が「どうなりたいか」「どういう行動をとるか」を考えて選び、自分自身で決める行為を繰り返して初めて、どんな場面に遭遇《そうぐう》したときでも適応できる能力を養えるのではないでしょうか。
まさにそれこそが、「生きる力」といえるでしょう。

子どもの成長促進剤は自信

大勢の子どもたちを見ていると、明るく元気で前向きに意欲を出している子どもたちは、学習やその他の活動に進んで取り組んでいきます。彼らは、スポンジのように吸収力や好奇心があり、しっかりとした足取りで成長していきます。

そういう子どもばかりでしたら、興味を誘い好奇心を満たす一斉授業の構成だけを考えていればいいのですが、なかなかそういう子どもばかりとはいきません。明るく元気で意欲のある子どもとそうでない子どものちがいはどこからくるのでしょうか。

さまざまな原因があると思いますが、大きなカギは、本人に自信があるかないかだと感じています。学級の中で、この自信をもって生活してもらえれば、一人一人の成長を引き出す舞台として、教室は大変有効な環境になります。

私が考える、子どもに自信を持たせて成長を引き出せる環境とは、次のようなものです。

・愛され、受け入れられている環境

・認められる環境
・失敗が許される環境
・自分の可能性を見つけられる環境
・自主性が尊重される環境
・分かちあえる環境
・楽しい環境

このような環境であれば、子どもたちはまちがいなく意欲的になって成長していけると思います。

繰り下がりのある引き算のやり方がよくわかっていなかった美咲さん（仮名）が、授業中にいつもおどおどしていた光景が忘れられません。この子は能力が低いわけではないのですが、一学期から、とくに算数のときに、何かと自信のなさが表情に現れていました。

あるとき、美咲さんのノートを点検すると、繰り下がりの意味をつかめていないことがわかりました。どの問題も同じパターンでまちがえていたので、その考え方を指導し、その日のうちに必ず家でお母さんと練習するように励ましました。

次の日、美咲さんはうれしそうに私のところへ飛んできてノートを見せました。「もうわかった」という自信が表情に現れていました。じつにうれしそうでした。

算数の時間になり、課題を提示して机間指導していると、美咲さんは、ノート上でしっかり計算できていました。おどおどとまわりをのぞいては、ぬすみ見して不安げな表情を浮かべている姿は、もうありませんでした。自信をもって取り組んでいたのです。

この日を境に、美咲さんの自信のなさそうな態度が消えました。算数の自信は子どもたちに学ぶ喜びをもたらします。「苦手だった算数も、やればできる」という確信をつかんだことが美咲さんにとってよかったのでしょう。学習中の美咲さんに積極性が出てきたのはいうまでもありません。

二カ月ぐらい後にお母さんにお電話し、宿題が出た日、どんなふうにご支援していただいたのかを聞いてみました。

私「美咲さんに繰り下がりの引き算をお母さんとやってくる宿題を出した日がありましたよね。おぼえていますか。次の日にノートをうれしそうに私に見せてくれましたが、あの日を境におどおどしたところが消えて学校では大きく成長しましたが、どんな支援をしてくださったか教えていただけますか?」
母親「いやあ、本当に最近は友だちや先生から認められていると実感しているようで、居場所があるというか、楽しくてたまらないという様子ですよ。あのときは、特別、大変だったわけではないのですが、私もお姉ちゃんのときに比べてゆとりがあるというのか、美咲の勉強につきあうのがいやではなかったんですね。お姉ちゃんのときだったら『何でこんなことができないの!』と怒ってしまっていたのですが、あのときはただそばにいて、ときどき『そうじゃなくて、ここから借りてきてこうするのよ』と言っただけなのです」
私「マラソンの伴走者のように、一緒に寄り添って、安心感の中でやらせていたという感じですか?」
母親「そうそう、そうなんです。一緒についてやることで、安心しながらできたという感じです」
私「こういうふうなサポートをするのは、お母さんにとって大変な作業ではないということですね。お母さんがそばについて安心感を与えることが大事なのですね。わからないことにあせらず、一つ一つ考えてやっていけばいいと美咲さんが思えるような雰囲気が大事だということなのでしょうか」

母親「そうですね……本当に、特別なことをしたわけではないのですが……。お姉ちゃんのときもこうしてやればよかったと、つくづく思います」

このようなお話を聞くことができました。

美咲さんだけでなく、こういうことは日常茶飯事です。適切なサポートが、美咲さんの一年半続いた不安げな姿を変えたように、変化のきっかけはまわりの大人の（とくにお母さんの）ほんのささいなサポートで生まれます。できないこと、できなかったことに感情を集中させるより、失敗を活かしながら先へ進むことに集中すれば、案外、簡単に変われるのです。

明るく前向きに遊びや学習に取り組めるようになった美咲さんのように、子どもたちが自信をもつことをサポートする。そういう目的で大人が寄り添えば、子どもたちは大きく成長してくれると思います。

失敗は成功のもと

卒業生や転校生の思い出話に、私がよく口にしていた言葉が出てくることがあります。その一番が、「失敗は成功のもと」です。これは、種まきとして言い続けている言葉です。

今の小学校では体験的に学ばせる授業が多くなっていますが、それは自発的に段取りをととのえ、活動中のさまざまな状況に自ら対応できる能力を育てようとするねらいがあるからです。

これは従来の講義形式の学習への警鐘《けいしょう》でもあります。体験的に学ぶということは、計画する、試行する、検証する、修正する、完成する、などの流れの中で、自ら試行錯誤を繰り返すことで対応力や適応力をのばそうということです。つまり、受動的な学習、知識偏重《へんちょう》からの脱却をねらっています。

算数や国語などの教科や他の教育活動の中でも、自発的に挑む子どもが求められていることはいうまでもありません。自発性を養ううえで重要なのは、子どもたちが試行錯誤を恐れないことだと私は考えてきました。

ある日の給食準備中のことです。配膳台《はいぜんだい》をふくために用意したバケツの置き方が悪く、自発的に手伝って場所がえをしてあげようとした子どもがバケツをひっくり返してしまいました。手伝ったことが裏目に出たわけですが、そんなとき、どんな言葉をかけたらいいでしょうか。

教師になりたての頃は、理由も聞かずに、「ほら気をつけないからだ」などと、どなったことがよくありました。そんなとき、子どもが納得していたか、はなはだ疑問です。子どもの不満は見えないところでふくらんでいくものです。「ああ、もっと子どもの立場に寄り添って、よく話を聞いてから指導すればよかった」と後悔することが多々ありましたが、その場になるとまた同じことを繰り返してしまっていたと思います。

今の私なら、応急処置が必要なときは必ず、「今はどうしたらいいの？」と平静を装って言います。そうすると、身の縮むような気分の子どもたちでも、目の前のことにすぐに対応します。

次に、「どうしてそうなったの？」と原因を聞きます。最後に指導に入りますが、まずは手伝おうとした気持ちを認め、「失敗は成功のもと。次はどうやったらいいかな？」というような投げかけで指導します。こうすると、手伝おうとした気持ちが失せることはありませんでしたし、またみんなのため、だれかのために役立とうとする態度がほかの子どもたちにもどんどん伝染していきました。

学習中にも、種まきとして「失敗は成功のもと」という言葉をよく使っています。とくに算数のように答えの正誤がはっきりしている教科の場合、手を挙げてまちがえた子どもには、「まちがいは宝の山。失敗は成功のもと。発表したから正しいやり方がわかったね。みんなもそういうふうにまちがえることがあると知ったね」などとフォローします。子どもたちは手を挙げることに抵抗がなくなり、必ずよく手を挙げる学級になっていきました。

ただし、例外もあります。わかっていてもルールを破るような子どもには当てはめず、厳しくしてもいいと思っています。日頃から、たんなる失敗と迷惑な行為を分けて考えられるような指導を心がけてきました。教師も親も、はっきりした自分の判断基準を示しながら、「失敗は成功のもと」を打ちだすことも必要だと思います。

例外はさておき、今までの教え子たちを振り返ると、自発的にやってみる、まちがったり具合が悪かったりしたらやり直す、そんな態度を育てるための種まきとして、「失敗は成功のもと」という言葉はおおいに役立ったと思います。

大人も失敗したら素直に謝ろう

自分自身の子育て経験から、子どもの心理や発達段階に応じた指導の大切さに気づき、それらを学びながら指導を計画しては実践し、その結果を検証してはまた実践に活かすということを繰り返してきました。

子どもの反応がテキストとなり、次の実践を引き出してくれました。学習の指導案には、はやりすたりがあるものですが、それだけにとらわれず、自分が実感したことを大切にして教材も用意してきました。

百マス計算は、二百マスプリントを用意し、全員に三分間テストを実施すると、一人一人が成果を確かめながらいつでも繰り返すことができました。

漢字書き取りは、同じ漢字の書き取りを二回以上繰り返したほうがやる気を引き出せました。

「読書へのアニマシオン」（＊スペインではじまった読書教育法で、一冊の本を全部読み、いろいろなゲームを通して読書の質を高めていくもの）はゲーム感覚で言葉に集中させたり、要旨に着目させたりと、読解力をつけるのに役立ちました。

目標を視覚的に意識させると作業に取り組みやすいこともわかりました。

話し合いは、少人数のグループだと自分の意見や考えを言いやすいようです。

そして、簡単エクササイズでコミュニケーション力をつけられることもわかりました。


こうして振り返ると、けっこう新しいことに挑戦するのが好きな自分が見えてきます。前述のような思いで教材を開発したり応用したりしてきたのですが、実践好きな分、点検がないがしろになり、忘れ物や失敗も起こりがちでした。

子どもたちに「先生、今日は○○をするって言ってませんでしたか？」と指摘されたり、指示の不備が原因なのに気づかずに注意してしまい、「先生がこう言ったからやったのに……」などの反応に出会うこともしばしばでした。

こんなとき、「いいから黙ってこれをやりなさい」とか、「つべこべ言わずにやりなさい」などと言ってしまったことが過去にはよくありました。

こういう対応をしていると、とくに高学年になればなるほど、子どもの視線がしらけてきます。子どもたちはその場は黙っていても、だんだんと教師との間に距離が出てきてしまうものなのです。

このようなことはどんな先生にも経験があると思いますが、子どもたちの冷やりとした視線に気づいたら、私は自分の言動を振り返ることにしています。少し子どもの言い分を聞いて探れば、自分の不備に気づくことが多いからです。

私は、「失敗したら、大人もすぐに謝ったほうが子どもから信頼される」と信じています。

「率先垂範《そっせんすいはん》」という言葉がありますが、謝るべきときには「それは先生が悪かったですね。ごめんなさい」と言ったほうが、子どもたちから信頼されるだけでなく、大人も失敗したら謝るという姿を見せることで、子どもたち自身のお手本になれると思います。「謝ったらばかにされる」と思っている方がいらっしゃったら、ぜひ一度試してみてください。小学生には一目置かれますよ。

夢や目標を持つと輝きだす子どもたち

私は常々、好きなことや夢に向かって夢中になる生活を応援してきました。また、将来の夢や目標を描いて一歩一歩向かっていくことの素晴らしさも強調してきました。最近よく、教え子のお母さんからうれしい報告が入るようになりました。小学校の、それも卒業時の担任ではない私にまで報告してくれるなんて、教師冥利《みょうり》に尽きる思いです。

一〇月に、中学校から体育会系の部活で全国レベルの大会を目指してきた子が、有名大学のＡＯ入試（アドミッションズ・オフィス入試）に受かったという話が舞い込みました。ＡＯ入試とは、自己推薦制などに似た入試形態で、学力では測れない個性豊かな人材を求めることを目的として、セミナー受講、レポート作成、研究発表などによって入学者を選抜するものです。

この子のお母さんは、有名な中高一貫校に進学した子どもが、毎日部活に追われるだけで勉強する時間がないことを大変心配していました。ところが子どもはいつも、ある大会出場というゴールを目指して練習につぐ練習を重ね、ついには高校のエースとなりました。「もう少しでゴール達成できるかもしれない」というようなお話もお手紙で知らせていただいていましたが、残念ながらゴール達成はかないませんでした。しかし、彼の個人的な素質や努力する姿が評価されていたようで、だれもがうらやむ大学のAO入試の候補になりました。そして彼の目標は、大学でも選手になることに変わり、みごと難関大学に受かったのでした。

彼の中高生活を振り返ると、目先の成績だけに捉《とら》われた生活よりもはるかに充実した六年間だったのは明らかで、本人が培《つちか》った能力がいかに素晴らしいかということが、卒業時にはだれも疑う余地のないほどだったのです。

そんな連絡の数日後には、小学校のときに「チアリーダーになりたい」と私に宣言した子のお母さんからもうれしい話が届きました。

「先生は覚えていますか？『チアリーダーになりたいという気持ちを大事にしてあげてほしい』とおっしゃったことを。好きなことをやらせてあげたほうがいいという先生の言葉が忘れられなくて、娘がチアリーダーでがんばるのを応援してきました。けがなどの対応も大変だったのですが、予選を勝ち抜いて今度全国大会に出るんです。父親が亡くなったときも、チアリーディングがあって、あの子はいつもがんばってこられたと思います。今は、将来の夢もしっかり持って進んでいます。先生にお知らせしたいといつも考えていました」

担任していた当時の細かな内容は覚えていませんが、夢やゴールを持つことは、その夢が実現するしないにかかわらず、自分を大きく育てることになると、常日頃から訴えている私へのうれしいごほうびでした。

このように、元教え子の成長ぶりを教えていただくことは、教師であればどなたでも、このうえなくうれしいことだと思います。

そういう大きなできごとでなくとも、授業中や行事に際し、目標を持つと子どもたちの目がキラッと輝いて集中するのは、われわれ教師には日常茶飯事です。

たとえば、算数の計算問題を解くに際しても、「八問中五問以上できればよし」というと、ほとんどの子が八問やってきますし、問題を解くのに時間がかかる子どもは、五問をやりこなして達成感を得るものです。その表情に満足感が浮かんでいるので安心します。

また、文章題では、「今日の目的は図を描いて解くことです」などと説明し、線分図や簡単な絵を描いて解くことを求めるようにしていますが、このように授業の目的がわかっていれば、子どもたちの取り組みに集中力が増します。自分はどんな図を描いて解こうかなど、自らゴールを決める態度が養われることにもつながるようです。

図工の造形活動の計画に、あらかじめできあがり予想図を描かせて取り組ませると、材料の準備や造形活動の段取りが格段によくなりました。造形活動は、感性を活かして途中でどんどん変わっていってもいいものですが、目標が決まると段取り力がつき、全体の構想力や表現力の向上にもつながるようです。

子どもたちが何かに夢中になれる瞬間はとても輝いています。夢を語っているときの子どもたちや、目的や目標に向かって集中しているときの子どもたちの眼はキラキラしています。私は、そういうときの子どもたちこそ、潜在能力を発揮しやすいのではないかと感じ、意識して目的や目標を持てるような展開を心がけています。

そのためにも、これまで述べてきたような、コーチング的な考え方、実践が有効だったと、あらためて感じるのです。

あとがき

タイガーウッズのお父さんの子育てがテレビに取り上げられ、「タイガーには、二歳の頃から自分で選んだり決めたりさせていた」という談話がありました。それを報告したリポーターは、漫画「巨人の星」の父親のスパルタ的な訓練法と比較し、そのちがいに驚いていたようでした。

どんなに幼い子どもにも、自分で選ぶ、考える、決めるという機会を与えていくことは、自己啓発力を育てるのに役立つのだなあと、私も意を強くしたのをおぼえています。

学齢期の児童の教育に携わってきた私の経験からも、これらの機会を与えられた子どもたちは、たしかに意欲がぐんと上がり、自発性、自主性、決断力が育っていくのを実感できました。

学校現場に総合的な学習を導入するにあたり、「生きる力」の育成が叫ばれました。ところが、実際に年間一〇五時間も総合的な学習に時間を割《さ》くようになると、今度は基礎学力の低下が危ぶまれるようになりました。

私は、体験的に学ばせながら「生きる力を育てよう」とする、総合的な学習の理念には賛同しています。実際の生活場面でさまざまな課題に直面したとき、算数のような正解が存在することはほとんどないものです。「自分なりに考え、必要な情報を集めて選択する」、あるいは「決断する」、そうしながら前進するしかないのです。

そこで重要なのが「考える力」「選ぶ力」「決める力」となるのではないでしょうか。「何を求めているのか、どうなりたいのか、どうしたいのか」というゴールや目標を決め、それに向かって「何をしていくか、どう実現するか」という方向性を見出すことが、大きな力となるように思えます。

意図を持った言動、大きなゴールイメージやビジョンの構想、その実現に向かうための目の前の小さな目標、それらを見すえて行動できることこそ、「生きる力」といえるのではないでしょうか。

「目的が具体的であるほど、脳はその目的を達成するための構造を作りあげていく」という神経内科医の先生のお話を聞いたことがあります。コーチング・エクササイズが能力を引き出すことは、脳科学的にも実証されつつあるようです。

コーチングは、「相手の中にある答え」を引き出し、相手の目標達成をサポートする会話術です。簡単な意見交換や対話のスキルを授業に組み込めば、通常の教科学習のなかでも、総合的な学習の時間に求められる能力を引き出せることを、子どもたちから教わりました。しかも、友だちの視点にふれながら、おたがいに考えを深めたり広めたりしあっている様子がうかがえました。

この本が、一人でも多くの子どもたちのコミュニケーション力と課題解決能力、つまり「生きる力」を伸ばすのに役立つことを願っています。読者のみなさんには、ぜひ一度でもエクササイズを試していただきたいと思います。

最後に、子どものために、さまざまなフィールドでコーチングの普及に励んでいる共育コーチング研究会の仲間や、小学生のお子さんを育てている立場から私の実践に共感してくださり、粘り強く一つの形にすることを応援してくださった草思社編集部の当間里江子さん、編集を手伝ってくださった、やなか事務所の東村直美さん、岡田稔子さん、イラストを描いてくださった大平ひとみさんに、深く感謝申し上げます。

二〇〇六年九月

大石良子

子どもの能力を引き出す
親と教師のためのやさしいコーチング

2006年10月20日　第1刷発行

著　者　大石良子
装丁者　東村直美（やなか事務所）
挿　画　大平ひとみ
発行者　木谷東男
発行所　株式会社　草思社
〒151-0051　東京都渋谷区千駄ヶ谷2-33-8
電話　営業 03(3470)6565　編集 03(3470)6566
振替　00170-9-23552

印刷・製本　中央精版印刷株式会社

ISBN4-7942-1531-2
Printed in Japan